夢への挑戦と保安経営の真髄

―プロ野球に学ぶ企業経営の活路―

山田　豊【著】

時評社
JIHYO BOOKS

まえがき

少子高齢化社会、人口減少時代の到来を迎えて、全体的に縮み思考になりがちな今日ほど、「大きな夢に向かって挑戦し、夢を形にする」努力、気概が求められている時代はないだろう。

こんな思いで題名に掲げた「夢への挑戦と保安経営の真髄」―プロ野球に学ぶ企業経営の活路―に挑戦することにした。筆者は既に古希を超え、老境の域に差し掛かりつつあるが、生涯現役を目指してライフワークであるテーマに挑むことにした。

プロ野球に関する解説書は、元監督、選手、球団関係者など、いわば「内側」から記述されているものが殆どである。本書はプロ野球ファンの立場、「外側」から見た野球論であり、また企業経営との関連性を検証したものである。いわば岡目八目での野球に対する見方・考え方になるが、そのことはかえって「木を見て森を見ざる」弊害に陥らないですむのではないかと考えている。

プロ野球と企業経営とは、一見すると無関係のように思われるかもしれない。しかし、プロ野球の監督のチームマネジメント、球団のマネジメントを観察する中で分かったことは、プロ意識の醸成、人材の育成、組織管理、地域との連携などの面で学ぶべき点が数多く見られた。

日本経済新聞によると、「マネジメントやチームワークを学ぶ機会として、スポーツを企業研修に活用する動きが広がってきている」という。とりわけスポーツの中でも集団競技である野球は「ビジネスの縮図、人生の縮図」とも言える。本書が実業界で活躍されている経営者、管理職の方に少しでもお役に立てば、幸いである。

筆者にとり本書は、「保安なくして　経営なし」シリーズの四作目になるが、各章の主な内容と狙いについて紹介しておきたい。なお、題名中の「保安経営」は、「保安なくして　経営なし」の精神を具体化した経営ということで、略語であることをお断りしておきたい。「保安経営の真髄」では、保安と経営の両立・融合を図る「二刀流経営」の確立への願いが込められている。

先ず第一章では、大谷翔平選手の投打二刀流という夢の実現に向けて尽力した日本ハムの栗山監督及び花巻東高の佐々木監督の人材活用法、指導術を解明してみた。次に歴代名将と言われたプロ野球の監督のチームマネジメントや具体的なリーダーシップの事例を見る中で、企業経営にも応用しうる共通の原理を明らかにしてみた。

第二章では、メジャーで活躍中の大谷翔平選手や内外で実績を残された松井秀喜選手のプレーぶりを振り返りながら、夢の実現に向かう心意気を記述してみた。さらにプロ野球で活躍する選手の技や技術を具体的にみる中で、企業経営にも通ずるものを摘出した。

第三章では、プロ野球の発展を支えていくうえで重要なハード面、ソフト面の課題について分析してみた。

第四章では、少子高齢化の進展などここ数十年で大きく変化したプロ野球を取り巻く環境を踏まえ、プロ野球が生き残っていくための方策について検討してみた。

第五章では、プロ野球が今後も健全に発展していくための条件、課題について総合的に検証してみた。筆者としてはプロ野球の健全な発展が、企業経営の持続的繁栄にも関連し、ひいては日本経済の活力向上にも貢献するものと期待している。

最後の特別編では、「ＬＰガス産業へのメッセージ」としてエネルギー自由化時代を乗り切る保安と経営について、過去の重大事故事例や保安・安全への取り組み状況を見る中で、今後の経営のあり方・課題について提言してみた。通商産業省（現経済産業省）時代には、製造業を始め多くの業種と係る機会があったが、とりわけオーナー経営者が多いＬＰガス業界とのご縁は深いものがあったので、エールを送る意味で特記させていただいた。

本書では、プロ野球を題材に「夢への挑戦」という切り口で、大谷翔平選手の投打二刀流へのチャレンジ及びそれを支えた栗山監督・佐々木監督のリーダーシップ、心意気を検証してみた後、歴代名将と言われた監督のチームマネジメントの要諦やプロ選手の技と技術に具体的に触れてみた。こうした記述を通じて、「保安なくして　経営なし」の精神を踏まえた企業経営＝「二刀流経営」にも通ずる原理、原則が明らかになれば幸いである。

作家の井上ひさし氏は色紙に、「むずかしいことをやさしく、やさしいことをふかく、ふかいことをおもしろく」という言葉を書かれていたという。

本文の記述に当たっては、出来得る限りエッセイ風に「平易かつ簡明に」を心掛けたつもりである。ただ、文才・筆力の乏しさから読みにくい部分もあるかと思われるが、ご一読いただきご意見ご叱正を賜れば幸いである。

本書の記述に当たり紙面の都合上、知名度の高い監督・コーチや選手等について敬称を省略してある箇所があるが、ご容赦願いたい。

なお、本書を執筆するに当たっては、各種新聞、雑誌、書籍を参考にさせていただいた。また、古葉元監督との対談をはじめ多くの関係者のコメントも有意義なものであり、随所に織り込ませていただいた。ここに記して心より感謝の意を表したい。

目　次

第一章

監督のチームマネジメントと企業経営への教訓

1. プロ野球と企業経営の共通点
2. 監督の役割の大きさ
3. 大谷翔平を育てた監督術（栗山英樹氏）
4. 大谷翔平の夢をかなえさせた花巻東高の監督術（佐々木洋氏）
5. 九連覇を成し遂げた監督術（川上哲治氏）
6. 機動力野球・全員野球の監督術（古葉竹識氏）
7. 考える野球の監督術（野村克也氏）
8. 熱血指導の監督術（星野仙一氏）
9. 異能・異才を育てた監督術（仰木彬氏）
10. 愛と意識改革の監督術（原辰徳氏）
11. 攻めの采配の監督術（長嶋茂雄氏）
12. 監督の器とチーム力
13. 「負けに不思議の負けなし」
14. 監督と選手の関係
15. 監督とは
16. プロのチームワーク論
17. 「SAFETY IS A GOOD BUSINESS」
18. 小さなミスを見逃さない
19. 気持ちの切り替え
20. 「面」の野球と「点」の野球

第一章
監督のチームマネジメントと企業経営への教訓

「野球はドラマ、人生そのもの、人生の縮図である」。春から秋にかけての長いシーズンを戦い抜く監督、選手たち、チーム状態が調子よく勝つときもあれば、調子が悪く負けるときもある。華々しく活躍する選手がある一方で、芽が出ず去っていく選手もいる。正に人生ドラマである。企業社会もこれと同様である。好況の時もあれば、不況に陥るときもある。業績が上がり昇進する社員がいる一方で、赤字経営が続きリストラで辞めざるをえない者も出てくる。

「歌は世につれ　世は歌につれ」（ある時代によく歌われる歌は、その時代の世情を反映しているものである）と言われる。野球についても同様である。「野球は、時代の流れを反映する。また時代の流れは、野球に投影する」。その意味では、「野球は時代の流れを映す鏡」とも言える。

以下では、プロ野球の監督のチームマネジメントを見る中で、企業経営にも教訓になるものを記していきたい。

1. プロ野球と企業経営の共通点

スポーツの中でも集団競技・団体競技である野球やサッカーなどのスポーツと企業経営とは、組織管理手法などの点で共通するものがある。一軍二軍合わせて支配下登録選手70名余の体調を維持・管理しつつ毎年、優勝を目指して143試合の長丁場を戦い抜くプロ野球の監督のチームマネジメントは、安全・保安を確保しながら持続的経営を目指す企業・会社の経営マネジメントと重なりあうものがある。

野球がサッカー、ラグビーなどの集団競技と異なる点は、プレー中でもボールが動いていない時間、即ち「間（ま）」が多いことである。それだけ考える時間、準備する時間がある。それを有効活用できる選手、チームが果実を得ることになる。この点は、同じく「間（ま）」がある企業経営でも同様なことが言える。

元ヤクルト監督の別所毅彦氏は、日本経済新聞「私の履歴書」の中で、「外から見るようになって野球の奥深さがさらにわかってきた。野球とは無限の可能性を求める競技だと思う。これでいいということがない」と述べた後、「野球解説のかたわら講演も行っているが、そこで気が付いたのは、野球の世界で得た哲学、考え方と人生におけるものとは必ず一致するということだ。経済や経営においても同様である。野球と経済は全く違うように見えるが、生き物であり、流れがあることで共通している。結局、何でも基本は人間の心だというのが私の考えである」と明言されているが、「我が意を得たり」との思いがする。

2. 監督の役割の大きさ

「プロ野球の監督のチームマネジメントは、企業経営の縮図である」、「監督と企業経営者に求められる資質には、共通点が多い」とよく言われる。とりわけドラフト制（プロ野球の新人選手を採用する交渉権を全十二球団によって構成される選択会議で決める制度）が定着し、各チームの戦力が均等化してきた今日では、以前に比べ監督の采配の巧拙により勝負が決まるケースが増えてきたのではないかと思う。この点については、元楽天監督の野村克也氏は日経ビジネス誌上で、「プロ野球にドラフト制が導入されて、チーム力の均等化という狙いは確実に達成しつつあるように思いますね。・・絶対的な強さを持ったV9時代の巨人のような超エリート集団、言ってみれば断トツの大企業が存在しない、中小企業の時代だと思うのですよ、今の時代は。そうした時代に鍵を握るのは、一にも二にも監督のリーダーシップです」と語っている。

また、日本シリーズ九連覇の偉業を成し遂げた元巨人軍監督の川上哲治氏は、「組織やチームの盛衰は、トップの力や監督の力で99パーセントが決まる」とし、著書「遺言」

の中で、こう語っている。

「十二球団の技術力は現実の得点差、失点差ほど大きな開きはない。その差の八割は監督の、チーム全体の精神力の差、心の持ち方の差だと思っている」。

このように監督のチームマネジメントはチームの勝敗の帰趨を握っているが、トップマネジメントの巧拙、経営トップの力量で業績が大きく左右される企業経営でも同じことが言えるのだろう。

大谷翔平を育てメジャー入りを支援した日本ハムの栗山英樹監督は、企業経営との関連について、こう語る。

「人を育て、強い組織を作り上げるための核となる考えは、野球の監督であろうが、ビジネスの世界においてだろうが、全く同じだと私は思っている」。

以下では、いまメジャーで活躍し注目されている投打二刀流の大谷翔平を育成した日本ハム栗山監督及び花巻東高佐々木監督の指導術を見たうえで、プロ野球で歴代名将と言われた監督のチームマネジメントを振り返ってみたい。

3. 大谷翔平を育てた監督術（栗山英樹氏）

(1)「論語と算盤」が指導のバイブル

「論語と算盤」は、「日本資本主義の父」、「日本実業界の父」と称された渋沢栄一の代表作である。後進の企業家を育成するために、経営哲学を語った談話録であり、経営者の品格を求める書となっている。本書では、論語＝道徳と算盤＝経済を一致させることが大事であり、論語の精神に基づいた道義に則った商売を行い、儲けた利益はみなの幸せのために使うべきことを説いている。

栗山英樹氏は、本書との出会いをこう語っている。

「この渋沢の本に出合った時私は、衝撃を受けた。「論語と算盤」には論語の教えと同様に、組織論の真髄が書かれていたからだ。私はこれを実践し続けることが選手にもチームにも、果ては野球界にも有益になると信じ、実行してきた」。

昨今は、品質管理・技能実習の不正、ごまかしなどの企業不祥事が製造現場で多発しているが、資本主義の原点ともいえる「論語と算盤」の精神に立ち戻り、モノづくり日本の心意気・真髄を取り戻したいものである。

(2) 大谷翔平のメジャー願望への理解

2012年のドラフト時に、メジャー入りを希望した大谷翔平に対し、他の球団チームが逡巡し指名を見送る中で、日本ハムが一位指名、栗山監督は「しっかり育てたうえで、メジャーに送り出す」と確約し、獲得に成功した。

世の中には、身体に余分な負荷のかかる投打二刀流への批判や否定的な意見、不安感が多い中で、栗山監督はこう語る。

「翔平が二刀流である環境を整えることに、迷いや怖れは微塵もなかった」、「夢に向かって走っている18歳の青年の胸にある特別な熱だけは奪ってはならない、ということだった。その彼の志を失わないで済む世界を築くことが、私の使命だった」。

日本ハム球団と栗山監督は約束通り、NPB（日本野球機構）で大谷を5年間二刀流としてプレーさせ、投打ともに一流のプロに育て上げ、メジャーに飛び立たせた。ちなみに大谷翔平は2012年から2017年までの5年間で、投手としては42勝15敗、防御率2・52、打者として打率2割8分6厘、本塁打48本と堂々たる立派な成績を残した。

大谷翔平との約束をきちんと果たした栗山監督の姿勢には、吉田松陰の言葉とされる「至誠通天」（誠を尽くせば、願いは天に通じる）がぴったり当てはまるような気がする。

（3）選手の育成方針

選手の育成方針について、栗山監督はこう語っている。

「選手を育てるのは監督の仕事ですが、しかし結局のところ、本人次第です。人は育つときは、自分の力で育っていくはずです。ただ僕ができるのは、「彼なら伸びる」と信じて活躍できる環境をつくってあげることだけです」。

「選手が全力を出し切る環境を整えたとしても、結果がでない場合もあります。しかし、全力を出せる機会が与えられたのに結果がでなければ、選手は人のせいにできませんから、自分に何が足りないかと本気で考えるようになります。それが成長のきっかけになります」。

「僕が監督として一番に考えるのは、「どうすればこの選手を輝かせることができるのか、何が選手のためになるのか」ということです。親のように選手の可能性を信じ、将来を見据えたうえでいま、ベストの選択を考えるのです」。

このように栗山監督の選手への育成・指導に当たっては、選手への深い愛情と信頼がひしひしと感じられる。このような配慮・気配りのもとで、大谷翔平は監督の期待に応える結果が出せたのだろう。

仮定の話だが、仮に大谷翔平が歴史と伝統のある他の球団に入団した場合には、常識的な判断で投打いずれかの選択が優先され、投打二刀流の大谷翔平は実現できただろうか、大いに疑問が残るところである。監督をはじめ革新的なチームカラーを有し、選手の意思・希望を最大限に尊重する、プレーヤーズファースト文化のある日本ハムでプレーできたことは、彼にとって幸運なことだった。

(4) 枠にとらわれない弾力的な采配の妙

栗山監督は、「私は、翔平のような「世界でただ一つの素質・才能」の形や枠を簡単には決めてはならない、と思っていた。大谷翔平は壁や仕切りや天井のある場所においてはならない。決められるのは、「野球の神様だけだ」」と語っている。こうした前人未到の二刀流へのチャレンジに対し深い理解をもった、栗山監督に大谷翔平が見出されたのは、運命的な出会いだったともいえよう。

2013年大谷翔平は、花巻東高の時代にもなかった「一番・ピッチャー大谷」として登場した試合で見事、勝利を勝ち取るとともに、ホームランも記録した。ホームランの瞬間、栗山さんは「監督である自分を忘れ、一人の野球ファンになって、「すげぇー」と叫んでいた」。翌日、ミスタープロ野球の長嶋茂雄氏が「長いプロ野球の歴史の中でもいないでしょう」というコメントを出された。長嶋さんは、二刀流支持を言葉にしてくれた数少ない方である。「前人未到に挑む若きプロ野球選手が、長嶋さんの思いに報いたことに、私自身がただ感激していた」と述べている。

（5）チャレンジこそ価値あり

渋沢栄一は、著書の中で「成功と失敗は自分が一生懸命やってきた残りかす」と表現している。栗山監督は「大谷翔平も日本でプレーしているときから、同じ考え方を持っており、メジャーへの挑戦が良いとか悪いとか、成功とか失敗とかではなく、チャレンジこそ価値があると言い切ったんです。私はその考えを聞いて、「だったら行くべきだ」と思っていました」と語っている。

花巻東高時代のスローガンである、「決して諦めない」、「先入観は可能を不可能にする」に魂を揺さぶられた大谷翔平は、常識外と思われた投打二刀流をベースにメジャー入りを果たすという夢、チャレンジ精神をぶれずに持ち続けた。その意思を最大限尊重された栗山監督の決断には、頭が下がる思いである。

キングスレイ・ウオードの「ビジネスマンの父より息子への30通の手紙」では、「あらゆることに挑戦しろ、やってみろ」と息子に勧めている。「人生の失敗なんていくらでも取り返しができる。でも、取り返しのできない唯一の失敗は、挑まないことだ」と語っている。

栗山監督が尊敬する師は、巨人、西鉄、大洋の三つのチームを日本一に導いた知将、故三原脩監督である。夢やロマンを忘れない監督で独自の戦術、理論を展開し、魔術師とも呼ばれた。「野球とはこういうものだという常識を捨てる」との考えが根底にある。「ワクワクするものがなければいけない」との信念のもとに、大胆な選手起用で可能性を追求された姿勢を評価されたのである。栗山監督の大谷の投打二刀流への理解も、三原流の柔軟で大胆な考え方を踏襲されたのであろう。

(6)「論語と算盤」の意義

座右の書とされる「論語と算盤」で一番共感した個所について、栗山監督はこう語る。

「プロ野球ですから、お金を稼ぐための個人の方向性と、野球の原点であるチームのため、みんなのために勝つ、というのが共存しなくてはなりません。渋沢栄一は、お金を稼ぐという「経済（算盤）」においてさえ、「絶対に「論語」を忘れてはならない」と断言していたところに膝を打ちました。プロだから勝利と成績がすべてです。それでプロ野球選手の価値が決まります。しかし、渋沢栄一は、そうした考えも時には一刀両断にして、道徳を失った人間を哀れみます」、「僕がチームを作るうえで、一番大切にしたいことを、渋沢栄一が直球で、繰り返し伝えてくれたのが、「論語と算盤」なんです。僕は選手に、「勝利以外は考えるな」と言い、それを求めます。同じ心で、人間の価値や存在意義は、勝利だけではないとも思っている」。

こうした観点から、自分の成績中心に三割の打率を維持した選手と、たとえ二割台でもチームの勝利のために骨を折った選手とを評価していく際のメルクマークにされているのは、さすがである。「僕は選手にどんな状況にあっても、自分が不運だと思っても、チームの勝利のために邁進して欲しいと、はっきり伝えています。そして「それは天が見ていて、必ず良い結果になって返ってくるから」とも言い続けています」。

栗山監督は、大谷翔平以外の若手選手にも「論語と算盤」を渡しているが、その理由についてこう語っている。

「野球選手は人間として成長しなければ、選手としても成長できない、と以前から感じている」、「最初は自分のためのプレーであってもいいのだ。いずれ家族のため、そしてチームのため、ファンに喜んでもらうため。誰かに喜んでもらえることが、原動力になるチームを築きたい」。

ちなみに渋沢栄一の「論語と算盤」での論旨は、筆者の持論である「保安なくして　経営なし」、「安全・保安最優先の経営こそが、企業の持続的成長をもたらす」にも通ずる精神である。

(7) 大谷翔平への手紙と伝える言葉

２０１６年の日本シリーズで日本ハムが日本一を決めた翌日、栗山監督はスポーツ新聞に寄せた大谷翔平への手紙に、こう記している。

「いつも厳しいことしか言いませんが、今日は一つだけ伝えます。

翔平の道がどこにあるのか、翔平のファーストへ向かう姿、走塁にあると思っています。投手であっても常に全力で絶対にセーフになってやろうとする姿。シリーズでも初戦でベースを踏む際、足首を軽く捻り心配しましたが、最後まですべてをかけてファーストを駆け抜ける姿を貫きました。

常に全力を出し尽くす魂。

そんな姿にしか野球の神様は微笑みません。

野球の神様に愛されなければ天下はとれないのです。

二刀流もその最も必要な魂があるからこそ、成り立っていると思っています」

この手紙には、大谷翔平という選手の姿を通して、チームが大切にしてきたことを、改めてチームメイトみんなに確認してもらいたいという気持ちで満ち溢れている。その意味で、「手紙は人の心を映す鏡」である。

「言葉より強い武器はない」と考えている栗山監督は、こう語る。

「たったひと言で、ものすごく前向きにもなれるし、反対にどうしようもないほど後ろ向きになってしまうこともある。言葉をどう伝えるか、それは僕にとって最大のテーマのひとつでもある」。

「言葉は最大の武器である」という点は、多数の社員を率いる企業経営者にとっても同じことが言える。

英国のウィリアム・アーサー・ワードは、「リーダーたるもの、言葉に言霊を宿し、多くの人に火をつけることを意識すべきである」、「言霊を宿すリーダーとなるためには、他人に火をつけるだけでなく、常に自分に火を点灯し続ける術を有しなければならない」と述べている。

(8) 三原野球が原点

栗山監督の背番号は80。これは、三原脩氏が最後に監督を務めていたときに背にしていた番号である。

三原采配は、常識にはとらわれない。その象徴としてよく引き合いに出されるのが、2アウト満塁、カウント3ボール2ストライクから「待て」のサインを出したという、驚きの采配だ。「待て」のサインを出すことは、打席にいるバッターは次の球を見逃す。ストライクが来たら見逃しの三振である。

しかし、三原さんはその打者のヒットを打つ確率と、投手が投げる球がボールになる確率を天秤にかけていた。つまり、ボールになる確率が高いと読んで、「待て」のサインを出したのだ。

栗山監督は、この作戦についてこう語る。

「これを非常識だと感じるようなら、先ずはその殻を破ることから始めたほうがいい。「常識」や「非常識」という考え方は、思考を停止させる。思考の停止からは、何も生まれない」。「野球は確率のスポーツである」と言われることについて、栗山監督は、「確率をすべて理解した上で、確率を超える感覚というものが求められる。だから、迷ったときはダメだと思う。たとえ同じ選手を起用したとしても、迷ったときと、迷わなかったときでは、結果が違ってくる。それが分かっているから、スッと浮かんだ男で勝負の一手を打ってみるのだ」と語っている。

前述した通り、大谷翔平の投打二刀流への挑戦については、多くの関係者から非常識であるとの批判がある中で、栗山監督があえて一石を投じ、一定の成果を挙げることができたのは、尊敬する三原野球の真髄を学んだお蔭である。

国立大学（東京学芸大学）出身という、プロ野球界では珍しい経歴の栗山監督は、選手の育成、起用といったチームマネジメントにおいても新しい息吹をもたらした。2018年までの監督歴7年では、リーグ優勝二回、うち日本一は一回という成績を残されている。

⑼ 大谷メジャー・一年目の評価

大谷翔平はメジャー一年目で日本人として最多の22本塁打を放つなど、打撃面では衝撃のデビューを果たした。ただ、投手としては右ひじの怪我もあり、四勝にとどまり、シーズン終了後には手術を受けた。大谷の二刀流を支援してきた栗山監督は、大谷のメジャー一年目をどのように評価されているのだろうか。

スポーツ雑誌「ＮＵＭＢＥＲ」のインタビューで栗山監督は、こう語っている。「翔平のメジャー一年目は、ほぼイメージ通りだったかな」と述べた後、「右ひじの手術については、翔平が決めたことが大事であって、・・野球の神様は応援すると信じているからね」、「復帰まで一年かかったとしてもまだ成長段階の年齢だし、そういうところに早く向こうへ行った意味があるわけだから・・このタイミングなら術後でもまだまだ身体も技術も上げられるし、成長できるでしょう」。

投打二刀流での成功の可能性については、「二刀流というのは一流のバッターになれる才能と一流のピッチャーになれる才能が揃っているだけではダメで、それを何倍も超えるだけの才能が両方ともにあって、初めて実行に移せる。しかも二つを連動させるためには、翔平のように野球をやるのが何よりも楽しくて、他の何を捨てても野球に駆ける想いがある、ということが大事になってくるのだ」、「二刀流が日本発祥のものだと言っていいのなら、日本人としてその魂をもって、侍が切り込んでいく今年の感じはすごく素敵だった。だから野球の神様は絶対に翔平を裏切らないし、アイツの決断は正しくなるんだよ」と、手術後の大谷翔平の二刀流での活躍に対し、全幅の信頼を置いている。

4．大谷翔平の夢をかなえさせた花巻東高の監督術（佐々木洋氏）

（1）個性を活かした指導方針

花巻東高の佐々木監督は、選手一人ひとりの特徴を踏まえて丁寧に指導することで定評があるが、その背景についてこう語る。

「選手の良さを引き出してあげること。または悪いところを修正してあげることも必要。いろんな練習スタイルやシステムを考えながら、一人一人を知り、その強化ポイントを見極めることが大切だと思っています」、そして「一人一人の特徴を活かし、力を底上げすることこそが、本当の意味でのチーム力になると信じている」。こうした選手の特徴、個性を尊重するという監督の姿勢は、大谷翔平のチャレンジ精神、意欲を育む源になったのではないかと思われる。

個性を活かした指導と言えば、佐々木監督の指示のもとに作成した大谷翔平の目標達成チェックシート（「マンダラシート」「マトリックス」とも言われている。次ページ図表1参照）がある。9×9の81個のマスの中に高校三年間の中で達成すべき目標を書き込む。大谷の場合には、真ん中に「ドラ1　8球団」とある。これはドラフト会議で8球団から一位指名されるということだが、高校一年生の時にはプロ野球入りが目標だったことがわかる。中央左には体づくり、メンタル、人間性、中央右にはキレ、スピード160キ

図表1：花巻東高校1年時の目標達成シート

体のケア	サプリメントをのむ	FSQ 90kg	インステップ改善	体幹強化	軸をぶらさない	角度をつける	上からボールをたたく	リストの強化
柔軟性	**体づくり**	RSQ 130kg	リリースポイントの安定	**コントロール**	不安をなくす	力まない	**キレ**	下半身主導
スタミナ	可動域	食事 夜7杯 昼3杯	下肢の強化	体を開かない	メンタルコントロールをする	ボールを前でリリース	回転数アップ	可動域
はっきりとした目標、目的をもつ	一喜一憂しない	頭は冷静に心は熱く	**体づくり**	**コントロール**	**キレ**	軸でまわる	下肢の強化	体重増加
ピンチに強い	**メンタル**	雰囲気に流されない	**メンタル**	**ドラ1 8球団**	**スピード160km/h**	体幹強化	**スピード160km/h**	肩周りの強化
波を作らない	勝利への執念	仲間を思いやる心	**人間性**	**運**	**変化球**	可動域	ライナーキャッチボール	ピッチングを増やす
感性	愛される人間	計画性	あいさつ	ゴミ拾い	部屋そうじ	カウントボールを増やす	フォーク完成	スライダーのキレ
思いやり	**人間性**	感謝	道具を大切に使う	**運**	審判さんへの態度	遅く落差のあるカーブ	**変化球**	左打者への決め球
礼儀	信頼される人間	継続力	プラス思考	応援される人間になる	本を読む	ストレートと同じフォームで投げる	ストライクからボールに投げるコントロール	奥行きをイメージ

（出所）スポーツニッポン

ロ、変化球とあり、それらを達成するためのノルマが詳細に記述されている。高校初年次で目標達成に向けて、これだけきめ細かく書き込めるのが驚きである。さらに賞賛すべきは、この目標達成チェックシートをもとに、日々鍛錬・努力を重ねたことである。

佐々木監督の優れた点は、マンダ

ラチャートという目標達成手法を高校野球の現場に導入し、選手力の強化に役立てたことである。このようなチャートの作成・実践は、卒業後社会人としての人生を歩む際にも応用することができるはずである。

〈注〉「目標管理シート」の他の事例

箱根駅伝四連覇を成し遂げた青山学院大学陸上競技部監督の原晋氏も「目標管理シート」を有効活用されている。著書「逆転のメソッド」の中で、「A4用紙一枚に一年間の目標と一か月ごとの目標、その下に試合や合宿ごとの具体的な目標を書き込んだものだ。大切なのは、自分自身で考えて目標を決め、自分の言葉で書き込むこと。これが、選手の自主性につながるのだ」と述べ、箱根駅伝優勝へのトレーニング手法の一端を明らかにしている。

(2)「先入観は可能を不可能にする」

花巻東高時代を振り返り、大谷翔平は「佐々木監督によるチームとしての「決して諦めない」というスローガンもそうですが、「先入観は可能を不可能にする」という言葉は今でもはっきり覚えています」と語っている。投打二刀流は世の中の常識に合わず無理筋だとの先入観に囚われれば、大谷の二刀流挑戦はなかったかもしれない。

幸いなことに佐々木監督のモットーは、「非常識の発想をすることで、新しいものが生まれる」であり、高校時代からの大谷翔平の夢であったメジャーでの二刀流挑戦を心から喜んでいる。「最初から活躍して欲しいのですが、1、2年は苦労するぐらいがいい」としつつも、高い壁を乗り越えて、大きく成長することを望んでいる。

花巻東高に入学した際、大谷が佐々木監督に「(3年先輩の)菊池雄星(西武、その後マリナーズ)のようになりたい」と告げたのに対し、監督は「それでは駄目だ。雄星を超えようと思わなければ、それ以上になれない」と諭した。「意思あるところに不可能はない」。それが監督の指導方針であり、二刀流に挑戦する大谷翔平への力強いメッセージだった。

(3) 力を発揮するには十分な準備が不可欠

佐々木監督は日ごろから、「試合で100%の力を発揮するためには、200%の準備が必要である」を指導方針としていたが、それを真面目に実行したのが大谷翔平だった。

一日13杯のご飯を義務付けて体を大きくし、打者として強い球を打ち、投手としては速いストレートを投げ込む。完璧なアスリートになるため、心身ともに鍛え上げることに意を注いだ。あくまで高い目標を掲げさせ、投打二刀流の基礎体力、精神力を鍛え上げるというのが監督の流儀だった。

上述した通り、「メジャーのトップに行きたい。長く野球を続けたい。何か新しいことを、他人がしたことがないことをやりたい」という大谷翔平の願い、夢をかなえさせたのが、栗山監督及び佐々木監督の両雄であった。二人の理解ある監督との出会い、一期一会のご縁を引き寄せられたのは、大谷翔平の実力と人間性であったのではないだろうか。

以下では、過去半世紀を振り返り歴代名将と言われた監督のチームマネジメントを見る中で、企業経営にも参考になる点を探っていきたい。名将の定義については人それぞれに違うと思うが、ここでは監督としての実績に加え、独自の指導方針を掲げ選手からの信望も厚かったと思われる七人のプロ野球監督をとりあげてみた。

5．九連覇を成し遂げた監督術（川上哲治氏）

(1) 組織プレー重視の野球術

巨人軍川上元監督は、これまでの個人技、職人芸を競い合うスタイルから、チームプレー、組織プレーを重視する野球への転換を推し進めた先駆者と言える。米国のメジャーリーグ視察で、投手力を含めた守りの野球、機動力やバントを重視する、「スモールベースボール」

を目指したドジャース戦法の素晴らしさに感銘を受け、この戦術の採用に踏み切った。

川上さんは、自分が指導者になる前の野球について「打者でも投手でも、それぞれ個性で打って投げて、いい成績をあげる。そのトータルで勝てばいい、個性の発揮がなければ負けるという野球でした」と振り返る。「例えば、ホームランは大きな武器だが、ホームランだけで勝てない。ホームランを打てなくてもヒットを打つのがうまい人、エンドランの上手い人もいる。また、バントの上手い人がいれば、足の速い人もいる。打つ方は駄目でも、守備の上手い人もいます。投手を含め、打守走の総合力ですね。技術を基盤にした全員の心の強固なつながりで、一つの目的に向かっていくという野球をとことん追求していったのが、「V9の野球」でした」と語っている。

チームプレーを重視する野球を展開するには、主役のほかに、サポート役の脇役も大事である。V9時代の巨人には、王、長嶋という主役としての幹、それを支える末次、柴田、国松、広岡、土井、黒江、森祇晶という名脇役、個性的な枝が何本もあった。すなわち、強力な打撃力に加え、点をとられない投手力、守備力といった、三拍子そろったバランスの良いチーム構成が、チームプレーを可能にした。

(2) 勝利・勝負への強い執念

球際（たまぎわ）に強いプレー、球際（たまぎわ）に強い野球を推奨された川上監督は、その理由についてこう語る。

「要は、土壇場ぎりぎりまで諦めない、粘り強いプレーのことである。捕れそうもない球を飛び込んで捕って、捕れなければグラブで叩き落しでも食い止めるプロの超美技のことである」と述べた後、「例えば、0対0の9回裏二死二塁のピンチで、守っている。そこに三遊間にゴロが飛んできた。「アッ、これは捕れん」と諦めたら打球はレフトへ。二死だから走者は走っていてホームイン。サヨナラ負けです。そのとき、「もう捕れん」と思う前に、アウト、セーフを考えずにまずその打球に向かって飛び込んで、とにかく打球を止めてみろ、と。止めて捕って一塁にアウトにするかしないかを考えなくても、とにかく打球を止めることで二塁走者はホームへは突っ込めないわけです。三塁止まりで一、三塁。次打者を凡打にすれば、少なくともサヨナラ負けはしません。そういう考え方が九連覇の根底を支えたのです」。これは勝負への執念、巨人の選手は最後まで絶対に諦めなかった。全盛期の長嶋は、何度もこうした守備を見せた」。

「球ぎわに強くなる」はボールプレーの勘所を的確につかんでいる。ここ一番の勝負どころで威力を発揮する言葉でもある。長嶋茂雄が天覧試合という大舞台で阪神の剛腕村山投手から、見事なホームランを打ったのも、この言葉の具現化と言えるのだろう。

（3）監督を陰で支えた参謀役

緻密で厳格な川上野球を陰で支えたのが、監督から招聘されたヘッドコーチの牧野茂氏である。生前、牧野氏は、参謀役としての務めについてこう語っている。

「オレの役目は監督の作戦がうまくいかなかったとき、どう最小限に食い止められるか、さらに次なるものは何か、を常に用意して的確に進言することだった。いわば「負の部分」担当だよ。監督のサインが失敗だったとき、オレがメディアに監督の指示とは違うのを出した。オレのミスだったとか、独断で成功したら、監督の指示でやった。さすがだよ、監督は・・・っと。監督の指針・戦術を選手に徹底させてチームをひとつにする、ボスをコロコロ変えたら選手は不安でたまらない。監督を守るために参謀は存在するんだよ」。

１９８４年１２月に亡くなられた牧野さんの祭壇の前で、川上さんは、「牧野がいなかったら、いまのオレはない。牧野あってのオレだった」と述懐されたという。Ｖ９という偉業達成には、参謀格の補佐役の力量が存分に発揮されたということなのだろう。

この点は企業経営でも同じことが言えそうだ。本田宗一郎を陰で支え続けた藤沢武夫、松下幸之助の教えを社員に伝え、松下イズムを浸透させた高橋荒太郎などが有名だが、一般企業でも大きく成長発展している企業には、トップを支える名補佐役の存在が大きな役割を果たしている。

（4）プロ意識の徹底と人間教育

川上監督は常々、「プロ意識を徹底させ、実行する集団から醸し出されてくる魂なり、精神こそが第一義である」と述べた後、「プロ野球には卓越した技術が求められるが、技術力と同時に、或は技術力以上に大事なのは精神力である。監督、コーチ、選手が人間であり、チームはその人間の集団なのだからしっかりした「心の土台」があって、はじめてチームは発動する。勝負がかかっている世界では、監督が少しでも心にスキを生じ油断すると、人もチームもすぐ死ぬのである。端的に言えば、十二球団の技術力は現実の得失点差ほど大きな開きはない。その差の八割は監督の、チーム全体の精神力の差、心の持ち方の差だと思っている。しっかりした考え方、計画性を持って選手を鍛え、チームを一丸に持っていく実行力。監督がその心のレールの土台をどう固めているか。本当の彼我の差はそこにある」と語っている。

指導者として人を育てるには、人間力を高める必要があるとして、毎年オフシーズンに入ると、岐阜の禅寺・正眼寺で修行された。午前3時半に起床、読経、座禅、堂内や庭の掃除、そして梶浦逸外老師との問答、読書、座禅という日課を黙々とこなされた。人を指導することの極意を禅の修行で悟ったという川上氏は、こう語る。

「禅では追い込まれ窮しないと本当の壁は超えられない、と説く。壁を抜ける真の喜びを教えたいからこそ、早く追い込んでやるのが愛情だと考える。真の厳しさの裏にはそれと同じだけの愛情がなければ、人を育てることも動かすこともできない」。

九連覇達成の背景には、最強の組織を作り上げた人間教育、人づくりとともに、ドジャース戦法に則り、緻密な全員攻撃、合理的な守備体系の確立で、他チームを寄せ付けない理想的なチームづくりが作り上げられたことがある。

鬼籍に入られた川上監督は享年93歳であるが、V9時代の成績は、703勝449敗40分（勝率6割1分）、日本シリーズは一度も最終第七戦にもつれ込むことなく日本一を九回連続して決めた。この記録はドラフト制が定着し、チーム力が均等化した現在のシステムでは、永遠に破られることのない不朽の記録である。川上監督はV9時代を含め14年にわたり巨人の監督職を担ったが、通算成績は11回のリーグ優勝、すべて日本一という輝かしいものであった。

(5) 川上野球の真価

川上野球は「石橋を叩いて渡る」野球で面白くないとの批判も多かったが、後楽園球場の観客動員数でみると、川上さんが監督になった年（1961年）は約160万人だったが、監督を退かれた1974年には約260万人と大幅に増大している。王・長嶋のON砲という存在は否定できないが、ファンの増加は強い川上野球のゲーム展開を存分に楽しんだという例証である。

巨人のV9時代の捕手であった森祇晶さんは、現役引退後に西武監督を引き受けて、川上監督の偉大さを改めて痛感したという。著書の中で「よく川上さんのことを、世にいう「管理野球」を球界に持ち込んだ悪人のように書く人がいるが、大きな間違いであると言わざるをえない。川上さんは間違いなく日本野球を進化させたひとである」、「現代の日本野球に組織プレーの面白さ、ダイナミックさを持ち込んだ人、それが川上哲治、その人である」と述べている。

また、ライバルチーム阪急のエースピッチャーだった山田久志さんは、「川上さんの野球には「管理」という言葉はそぐわない。細かいところまで神経を張り巡らせた野球だけど、はっきり言えば組織。組織野球、そういうふうに呼んで欲しい」と語っている。

V9という偉業を達成した川上野球については、「詰将棋を見ているようで面白みがない」、「没個性でドラマティックでない」などの批判、反発もあるものの、周囲の関係者の意見を聞く限り、そうした批判は当たらない。

引退後の川上さんは、北海道から九州まで、全国各地を歩いて少年野球を指導されていた。自分を大きく成長させてくれた野球という文化を、青少年に受け継いでいくことも大事な仕事だと考えていたのだろう。

6．機動力野球・全員野球の監督術（古葉竹識氏）

（1）機動力野球・全員野球

広島カープの古葉元監督は、「機動力野球」、「全員野球」を目指された。足は速いが三割打者としてはパワー不足の高橋慶彦（遊撃手）、山崎隆造（右翼手）をスイッチヒッター（左右両打席で打てるバッター）にしたり、木下富雄のように内野でも外野でも守れるオールラウンドプレーヤーに育てるなど、選手の個性を最大限に活かした野球を展開した。

古葉野球の原点には、タブーなり聖域をつくらず可能性があればチャレンジしていこうとする姿勢がある。現状に満足せず、絶えず現状否定を基本にチーム改革を遂げていくとの姿勢を貫いたことは、組織内に緊張感をもたらし、チーム力の向上、活性化につながったのではなかろうか。

古葉さんは昭和５０年から１１年間、監督として広島カープを指揮したが、四回リーグ優勝、うち三回日本シリーズを制覇した。それまでの広島カープは創設以来２５年間、万年Ｂクラスに低迷していたことを顧みると、広島カープの黄金時代を築かれた古葉さんの功績は極めて大きいものがあった。

赤ヘル黄金時代に一番遊撃手として活躍した高橋義彦さんは、古葉さんの手腕について、こう語る。

「監督としての器の大きさを感じました。それに教育の仕方もうまかった。いざグラウンドに出ると、選手全員を同じ方向に向けさせる。この点差で、このイニングなら、どのピッチャーに投げさせるか。選手全員が監督の意図を共有して試合に臨んでいる」、「選手を教育する力、チームを掌握する力という点で、古葉さんの右に出る人はいませんね」。

かつて阪神の主力投手を務め、広島カープの抑え役として活躍された江夏豊氏は、広岡監督と古葉監督の両方につかえた経験があるが、古葉野球についてこう語っている。

「例えば、リリーフの起用にしても、広岡監督との違いはこうだ。古葉監督はチームの置かれている状況と、これからどのように戦っていくかを明確に説明したうえで、「ご苦労だが、ここのところは無理をしてもらうからな」という。そう言われれば、こっちは納得する。よっしゃ、監督のためにもやってやろうじゃないかとなるのが血の通った人間だ」。

(2) 小さなミスを見逃さない采配

古葉野球の真髄について尋ねたところ、「野球で自分はこういう野球をしてみたい、選手たちをこう使っていきたいと考えない管理者は、絶対成功しないと思うのです。僕は野球に対しては、どの監督にも負けないくらい管理してきたと思う。これだけは自信を持って言えます。お前が十一年間で他の監督に負けないだけのことをしてきたことは何かと言われれば、野球はボール一つですから、ボールに対してどう動いたのかを絶対見落とさないということです。これが選手らの緊張感を呼んでハッスルプレーをさせてきたのです。またそれがあったから相手チームよりもミスが少なくいい野球ができたから、勝ってきたのだと思っています」と語っている。

古葉さんは監督時代、試合中はベンチで座らず立ったままで、全体の戦況を子細に観察されていた。

「僕はゲームが始まって終了するまで、選手の動きから目を決して離したことはありません。ボールに対して選手がどう動いたか、選手のちょっとした動作、仕草にも目を離したことはありません。投手でも何か肩を動かしてみたり、足の方がおかしいのではないかと回してみたり、ちょっとした仕草でも見逃しません

品川プリンスホテルにて　古葉竹識氏（左）と対談

石油産業新聞社提供

ので、選手も緊張してプレーしてくれたと思う。選手に要求する以上の集中力、緊張感を持って野球をしなければならないと思って、あそこのポジションから選手の動きを見てきたつもりです」。選手とベンチとの一体感、信頼関係がうまく醸成されているわけであるが、この点は企業経営者と社員との関係でも同じことが言えるのではなかろうか。

(3) カープ野球の源流

広島カープからＦＡ（フリーエージェント）により他球団に移籍した選手には、川口和久、江藤智、金本知憲、新井貴浩、黒田博樹、大竹寛など数多いが、逆に他球団からＦＡで入団してきた選手はほとんどいない。

川口和久さんは、広島から巨人に移籍した本格派の左腕投手（１８年間で通算１３９勝１３５敗の成績）であるが、カープのチームカラーについてこう語っている。

「広島というのは、雑草から花を咲かせるようなチーム、期待されていない人間を這い上がらせていくようなチームでした。素質がありそうだから、ダイヤモンドの原石みたいなものを練習で磨いて大きくしていくわけです。田舎育ちで、社会人のときも辞表を胸ポケットに入れてやっていたボクが、プロとしてやってこられたのも、そういうチームだったからだと思って有難く思っています」。

また、古葉監督との関係については、こう述べている。

「当時の監督だった古葉さんにはいろいろお世話になりました。なによりも、入団間もない若手投手だった僕に、プロ野球として生活していくための貴重なアドバイスをしてくれた人でした。これが、左腕投手として生きていくための指針になった」、「もう一つは、僕の投手人生を決める言葉をもらいました。3年目を迎えた春のことです。「いいか、川口、お前にはこれからカープを背負って立つピッチャーになって欲しい。そのためには、巨人に勝つんだ。巨人に勝てるピッチャーになれ」、「対巨人戦の通算勝ち星が33勝もある、その出発点は、この言葉だったんです」。

リーダーの言葉は人を大きく育てる源流となるとよく言われているが、川口さんの回顧録は、それを実証するものである。「綸言汗の如し」(皇帝が一旦発した言葉は取り消したり訂正することはできない)は中国の格言であるが、最近は政治家をはじめリーダーの言葉が軽く扱われているようであり残念である。

古葉さんとの対談後にいただいた色紙には、座右の銘である「耐えて　勝つ」が力強く書かれている。書斎に飾られた色紙からは、「何事にも辛抱強く気長に頑張れ」と語りかけてくるようだ。

古葉野球は、機動力野球を目指されたが、いまの広島カープの機動力野球はさらに進化を遂げているようだ。今や日本を代表する二塁手の菊池涼介さんは、著書の中で「ただ単に盗塁の数を増やすのがカープの機動力野球ではない。足でどんどん攻めていくのも大切だが、まずは全力疾走や地味な走塁が僕らの基本だ」と述べている。過日の巨人戦をテレビで観戦していたら、先頭打者がフォアボールで出たら、盗塁してランナー二塁、次の打者の進塁打でワンアウトランナー三塁になる。次の打者の犠牲フライで一点。このようにノーヒットで点を取る形を見て唖然とした。これこそ、カープの目指す究極の機動力野球なのだと実感した。２０１８年シーズンではカープが首位を独走し、リーグ三連覇を達成したのも頷ける。

7. 考える野球の監督術（野村克也氏）

(1) 再生の極意

野村克也氏はヤクルト、楽天の監督時代に伸び悩んでいた選手の再生・復活に取り組み成功している。野村氏は「再生の極意があるとすれば、それはいかに「気づかせるか」ということに尽きるのではないかと思っている。素晴らしい素質を持っているのに、「その活かし方が間違っていたり、力が衰えてきたにもかかわらず、以前と同じ方法で対処しようとしていたがために、結果が出なかったのである。いわば、方向違いの努力をしていたわけだ。そこをいかに気づかせるかが指導者の役割なのである」と述べた後、「一度どん底に落ちかけた選手はいずれも、「もう一度花を咲かせたい」、「見返してやりたい」という強い気持ちを持っている。しかも、そういう気持ちがあるから、どんなつらいことも厭わないし、アドバイスにも素直に従う。その力と観察して分かった長所を利用し、あとはそこに足りないものに気づかせてやればいい。再生とは、それほど難しいことではないのである。愛情を持って本人の気持ちや立場に立って、共同で問題に取り組んでやることが重要なのだ」、「再生工場と言われるのは、選手たちの痛みを知っているから」と語っている。

こうして「野村再生工場」では、投手では吉井理人、遠山奨志、川崎憲次郎、高津臣吾、荒木大輔、打者では小早川毅彦、山崎武司、池山隆寛など多くの選手の再生・復活を果たした。企業社会でも部下に欠点はあっても、長所を見出し伸ばしていける目利きの優れた上司がいれば、大いなる戦力アップにつながるのではないだろうか。

野村克也さんは「再生の極意」について、さらにこう語っている。

「サラーリーマン社会になぞらえれば「人事異動（コンバート）、転職（トレード）、意識改革」なのだ。そして監督自身の言葉で「褒める」、「教える」、「鍛える」を選手に対して繰り返さなくてはならない」。

選手の隠れた才能や長所を見つけ、引き出し、チャンスを与え、それを活かす方法を教えることが指導者の使命であるとする野村流再生術は、人材の有効活用が持続的成長の条件である企業経営でも、同じことが言えるのだろう。

（2）「考える野球」の源流

野村野球は「考える野球」、「データ野球」と言われるが、その源流は南海時代に遡る。当時、ヘッドコーチとして招聘されたのがブレーザーであり、その精神は、フォア・ザ・チームである。「打撃にしても守備にしても、いかなるときも次のプレーを予測して対応できるように備えておく」、「走塁では全力疾走を心掛ける」、「守備においては打者の傾向や投手の投げる球種とコースを考えてポジショニングをとる」など。

今では当たり前の戦法かもしれないが、当時はそこまで考えながら野球をやっていたチームや選手はほとんどいなかったので、野村氏の受けたショックも大きかったものと思われる。

その後、南海はリーグ優勝を果たしたが、ブレーザーの「シンキング・ベースボール」のお蔭である。野村氏にとっては、こうした経験を踏まえ、「チームとして頭を使えば、たとえ戦力は劣っていても十分に戦える」という確信が生まれた。こうして野村氏は、「弱いチームを強くするのが生きがい」となり、監督に就任したヤクルト、楽天では手腕を発揮された。

（3）成長のプロセス

野村監督は、選手の成長率を10とすると、練習での成長は1くらいしかない。一番、選手が伸びるのは、実戦での経験や、成功体験を自信にしたときであると考えていた。現場での学習体験、そして現場での成功体験を重ねることで、自信につながり、人は大きく成長していくものだという。このことは企業経営においても、同じことが言える。事前の準備や机上での努力ももちろん大切ではあるが、現場で仕事（ＯＪＴ）をこなしながら、成功体験を積むこと、成果を得ることで大きく伸びる。

また監督は、「指導者は、選手に対し気づかせ屋であるべきだ」という。即ち、コーチが選手に対して手取り足取り指導してしまうと、自分で考えない受け身の人材をつくるからである。選手自身がコーチの指摘に対して、真意を理解して、納得した上で練習に取り組むことではじめて、成果が出るというわけだ。プロの指導者は、単なる技術・技能論ではなく、「基本的な考え方」、「何故かと考える力」を教えることが大事である。この点は、企業における、上司と部下の関係でも同じことである。

（4）失敗は成功への一里塚

野村監督がキャンプ中のミーティングで語った言葉、人生訓に、「敗戦や失敗から学び続ける限り、成功へ近づける。敗戦や失敗は反省心、屈辱心を高め、次に活きる。失敗して駄目になった人よりも、成功して駄目になった人の方が多い。人の値打ちは失敗するかしないかではなく、失敗から立ち上がれるかどうかで決まる」がある。

「反省とは過去に向かってやるものではなく、未来に向かってやるものだ」とし、「失敗を活かせ。原因究明に全力を注げ。そして二度と繰り返すな」と檄を飛ばしている。

ヤクルト監督時代はキャンプ中、夕食を済ませた後に二時間余りのミーティングを毎夜行われた。監督の野球観、人生観が中心だったが、打球カウント別の打者、投手、捕手の心理などにつき、データに基づき緻密な理論を展開されたので、選手は大きな衝撃を受けたという。

こうした地道な努力を重ねた結果、野村イズム、野村スタイルがチーム内に浸透したこともあり、ヤクルト監督時代は通算9年でリーグ優勝4回、日本一3回という輝かしい成績を残された。

最後に、ヤクルトの野村監督時代に名捕手として鍛えられた古田敦也さんの野村野球に対する見方を記しておく。

「野村監督のようにトップダウン型の監督が形成する組織は目的が明確になれば、一丸となりやすく、実際にヤクルトの黄金期を作り上げたように組織力は高まります。他方、問題点があるとすれば、トップダウンなのでその要求水準は高くなると、受ける側が委縮してしまうという点があるのかもしれません」。

野村監督の下で、データ野球の真髄を徹底的に学ばれた古田捕手だけに野村野球の功罪に関するコメントには、頷けるものがある。

8. 熱血指導の監督術（星野仙一氏）

（1）闘争心に火をつける

星野仙一氏の熱血指導は、監督時代の中日、阪神を通じて有名である。星野氏は、こう語る。

「選手をハリ倒したことも、どやしつけたこともある。ハリ倒す瞬間は感情的になっていることも、決して否定しない。でも、根底にあるのは選手に対する愛情だ」。

選手を叱るときも褒めるときも大きな声で、ストレートに行動するのが星野流であるが、その理由については「野球は室内競技ではない。屋外での集団競技なのだから、叱るときも褒めるときも、常に大声が必要なのだ。特に、選手を叱咤するときは、くどくど言うよりも、大声で一発というのがいい。野球はミスが起きやすいスポーツで、ボーンヘッド（判断の悪いまずいプレー）も少なくない。ことにアウトカウントを間違えていたという単純な場合は、コーチにも「一発どやしつけたら、それで済ませろ」と言ってある。興奮と喧噪の中で、気持ちの覚醒を促せばそれでいいからである」と。

星野監督の口癖は、グラウンドに向かう選手に対して「思い切り目立ってこい、ええカッコしてこい」。とにかく「目立ってしまえば勝ちにつながる」の精神である。目立つからプロなのであり、目立つことがプロとしての自覚を促すという星野流教育法なのだろう。

英国の教育哲学者ウイリアム・アーサー・ワードに次の言葉がある。
「凡庸な教師はよく喋（しゃべ）る
良い教師は説明する
優れた教師は考えさせる
偉大な教師は心に火をつける」
偉大なリーダーは部下の心に火をつける。この言葉は、星野監督の熱血指導の原点ともいえるのではないだろうか。
ビジネスの世界でも、売り上げなどの結果が悪いとき上司から叱責されるだけでは、部下のモチベーションは喪失しかねない。一つ失敗したから全部ダメというのではなく、「次に期待しているぞ」と励ます気配りも大事なのだろう。

(2)「迷ったら前に」

星野監督の信条には、「迷ったときは、必ず前へ」がある。この背景には、人生の節目節目での判断や決断に際しては、他人や周囲のせいにすることなく、自力本願で行う、潔く受け止めてこそ自分の人生にも確信を持ち、納得していけるのだという思いが込められている。

勝負の最前線で指揮をとる監督が判断に迷いが生じ、オロオロしていたのでは様になららない。勝負事だから勝ち負けはある。コーチの助言ミスや選手の失敗で負けるケースもある。そのときには、先ず監督が一義的な責任を負い、コーチや選手に責任を押し付けないということである。

「進むも退くも、行くも行かぬも、どちらを選んでも後悔を生じるのなら、私は進んで、前に行き、前に出て後悔する方がいいと思ってこれまでやってきた」。

中日監督退任後に、阪神、楽天の監督に就任した際も、チームカラーや体調も考慮し迷ったそうだが、最終的には彼の信条に従って決断された。

正に「来る者は拒まず。去る者は追わず」の精神である。「世のため　人のためになる」なら、受け止めようとする心意気は、松下幸之助をはじめ名経営者と言われる人にも共通するものがあるのではなかろうか。

(3)「仕事とは準備なり。心の準備も大切」

星野監督は、野球は反射神経のスポーツだからいつも、「心の準備」が大切だとして、次のように述べる。

「守りの際のスタートでも、信号が青に変わってからのスタートではもう遅い。信号が赤から青に変わる前に、変わりかけにスタートを切る心の準備ができていないと間一髪の勝負に勝てない。内野手でいえば、打球だろうがランナーであろうが、「オレのところに飛んでこい」と自分から心の中に呼び込むような気持ちでいないと、突然、打球やランナーがくると必ず慌てる、ひと呼吸反応がずれる、心の用意―反射神経のための心の準備ができていないとプレーに余裕が生まれてこない、余裕のないプレーがミスを呼んだり、無用の怪我や故障にもつながったりする」。

「仕事とは準備なり。どんな仕事でも、仕事とは他に先駆けて常に先手、先手と働きかけていく」精神が大事だと訴えている。こうした心がけは、企業経営においても同じである。

一期目の巨人原監督の最後の試合は、甲子園の阪神戦だった。試合終了後のセレモニーで、星野監督は原監督に花束を贈呈し、「くさるなよ、またいつか、きっとユニフォームを着るときがくる。それまでしっかり勉強するつもりでな」と激励された。就任一年目でリーグ優勝を飾りながら二年目に退任に追い込まれた原監督の無念さ、悔しさに思いを致した星野監督の優しさの発露だった。

闘将・星野仙一氏（70歳）は、2018年1月逝去された。心よりご冥福をお祈りしたい。

9. 異能・異才を育てた監督術（仰木彬氏）

（1）鋭い観察力で開眼

トルネード投法の野茂英雄、振り子打法のイチローの潜在的な資質を見出し、育て上げたのは、仰木監督の手腕によるところ大なるものがある。前の監督（土井正三氏）時代には二軍落ちするなど、不遇の状態にあった二人だけに仰木監督に対する尊敬の念は大きいものがある。現にイチローは記者の質問に対し、「僕の唯一の師匠は、仰木監督です」と明言されている。

仰木監督の指導術は、「選手の欠点を直して平均化するよりも、長所を伸ばして武器にした方がよい」という考え方である。型破りな変則投法の野茂英雄や変則打法のイチローを花開かせた手腕は、見事なものであった。

２００５年に入団した清原和博さんは、自分の最後のチームになったオリックスに誘ってくれた仰木監督（同年１２月逝去）に深く感謝しており、自分の引退試合セレモニーで、「天国にいる仰木さん、自分に最後の活躍の場を与えてくれて有難う」と感謝の言葉をおくっている。

選手の育成面では、仰木監督は野茂英雄、イチローだけでなく、長谷川滋利、田口壮などの若手選手を数多く育てあげ、メジャーに挑戦させている。

「菊づくり　菊見盛りは　陰の人」（吉川英治）。生涯にわたり内外で活躍する名選手の育成に尽力された監督の功績には、感謝したいものである。

（2）皆から慕われた監督

仰木監督のもとで投手コーチだった権藤博さんは、著書の中で「仰木さんとの衝突はあげれば、本当にキリがない」と言いつつも、「勝つことに対してとても貪欲で、自分の直感を何よりも信じている人だった。彼が名指導者として人々の記憶に残っているのは、そんな彼の資質に由来しているような気がする」と記している。

オリックスオーナーの宮内義彦氏は、「仰木さんは若い選手を使うのがうまく、プロ野球史上に残る名監督だったと思います。もちろん野球をよく知っているだけでなく、若い選手をその気にさせ、競わせる。あっさりしていながら、礼儀の正しい人でした。情というのが分かる人でした。選手のプレーだけでなく、精神状態が分かっていて、人に対して優しい人間でした。いろんな落ち込んでいる選手を一人ひとり呼んで話をしていた。選手にも仰木時代を懐かしむ人は多いですね。オリックスの監督はたくさんいた中で、センチメント（感傷）を感じるのは仰木監督です」と回顧している。

データ重視の日替わりオーダーで相手投手を翻弄するなどの戦術は、仰木マジックと言われたが、有為な人材の発掘面においてこそ仰木マジックが存分には発揮されたのではなかろうか。

仰木監督は、近鉄、オリックス監督として通算14年の間に、リーグ優勝3回、日本一1回、Aクラス11回という好成績を残された。

2005年に野球殿堂入りした仰木監督の信条は、「プロ野球の究極の姿をどこに見るか。常勝が究極ではない。感動こそ私の求めている究極のものなのです。プロ野球は勝率産業ではなく、感動産業なのですよ」である。

余談になるが、将棋の世界ではAI（人工知能）の台頭などで近年、確率重視の傾向が強まってきているようだ。それに対し、羽生善治棋士は東洋経済誌上で、「（確率的にみて）負けると思われる手にこそ、未来の可能性がある」と述べ、目先の勝ちより、未来の可能性を取りたいとの意向を示している。この点はビジネスの世界でも、大事な視点ではなかろうか。

10. 愛と意識改革の監督術（原辰徳氏）

(1)「ジャイアンツ愛」

2002年シーズンに入った就任1年目の巨人原監督は、チームのテーマに「ジャイアンツ愛」を掲げた。ジャイアンツが勝つためにどうすればよいのかを一人ひとりが考え、優勝のために自己犠牲をいとわないことを「ジャイアンツ愛」に託した。即ち、選手各自が考える野球を実践し、チームプレーに徹することを求めたものだった。

原監督は監督・コーチと選手との関係について、こう語る。

「監督やコーチはみな、選手のための黒子だと考えている。選手にどうやって活躍してもらうか、それが大切なのだ」、「世間の人の中には、監督が社長で、選手を単なる部下だと思っている人もいるかもしれない。でも、そうじゃないと考えている。選手は個人事業主、個人商店の社長だと考えている。だから、俺は選手の意見を尊重する」。

ジャイアンツが勝つためのアイデア、方策を選手やコーチらから引き出し、自分の考え方、ビジョンに照らし合わせ、チームをベストの状態に持っていくのが、原監督流のやり方だった。それは、就任1年目に結実し、見事日本一に輝いたのである。ただ、二年目の成績不振を理由に監督を解任されたのは、意外というほかはなかった。

(2) 意識改革

二期目の監督就任となった2006年シーズンの原監督のテーマは、選手の意識改革だった。チーム内の雰囲気が淀んでおり、挨拶も交わされず、服装も乱れていた。こうした状態について、原監督は「ここまで変わってしまったとは、正直驚かされたよ。今のジャイアンツに必要なのは、何をおいても、先ず意識を変えることだ。選手たちの考え方を、自分が自分がということではなく、チームの勝利のために何ができるかというものに変えなきゃいかん」と。

原監督は、トップに立つ者の心得、意識改革についても、こう語っている。

「上に立つ人間は自分を客観的に評価できたほうがいい。自分についての評価を人から言われるということは少なくなりますからね」、「野球にはセオリーがあるけれど、それに対する結果という複雑なものがある。その作戦において自分はセオリーから入ったかどうか客観的にみられるといいのです。自分の視野だけでは180度見えても残りの180度は見えない。人に頼らず自分で自分を観察できるかどうか。自分で自分を評価することができればいいと思いますよ」。普段は若大将で爽やかなスマイルが持ち味の監督は、球場・現場では部下に対して厳格だったが、自分に対してもそれ以上に厳しかった。

このように硬軟織り交ぜた姿勢で監督は、野球のチームマネジメントを実践されたが、企業経営のマネジメントでも同様なことが求められるのだろう。

プロのサッカーチームでも、「規律なき超一流の集団は、統率された二流の集団に勝つことができない」と言われているので、原監督が先ず規律重視の意識改革を求めたのも合理的なものだった。

（3）夢に向かって

原監督は「野球とは何か」について、こう語っている。

「俺にとって、野球は趣味だな」、「趣味というと、語弊があるかもしれない。でも、仕事、義務と考えてしまったらつまらない。少年時代と状況は変わっても、やっぱり野球を、俺は面白いと感じる。だから、追及できる。いい意味で、野球を楽しみ続けたいと思っている」。野球を楽しみながら続けている姿勢には、同じく楽しみながら投打二刀流にチャレンジしている大谷翔平を想起させる。

また、「勝った負けたももちろん大事なことだが、選手はとにかくファンを魅了する、ファンを喜ばせる、その一点に集中して欲しい。強いチームが前提であれ、それ以上に大切なのは「ファンに愛されるチーム」であることなのだ」。

ジャイアンツとともに生き、最後までジャイアンツにこだわり続ける原監督にとり、ジャイアンツとは何かについて問われると、「夢だよ。いまだに見果てぬ、少年時代からの、俺の夢だよ」と。

平成の若大将と言われた原監督も還暦を過ぎたが、子供の頃からいだいた夢の実現に向かって、いまも羽搏き続けている。「プロ野球は聴いて感動！観て感動！そして言葉で感動できるスポーツです！」と胸を張る姿は、いまだ若々しいものがある。

２０１５年シーズン末に監督を退いたが、通算１２年間でリーグ優勝7回、日本一３回の成績は立派である。こうした実績を踏まえ、高橋前監督に代わり巨人の監督に就任されたが、三度目となる監督就任の記者会見では、チーム再建に向けて「原点に戻り、はつらつと監督として暴れまわりたい」と抱負を語った。

本拠地東京ドームの監督室には、歴代監督の色紙が飾られている。「日々新たなり」（三原脩）、「道」（水原茂）、「不動心」（川上哲治）、「野球というスポーツは人生そのものだ」（長嶋茂雄）、「われら誇りある立居振る舞いを」（藤田元司）、「氣力」（王貞治）、「風林火山」（堀内恒夫）。野球殿堂入りを果たした原監督はこれらの色紙を眺めながら、気を引き締め、また勇気づけられ、チームマネジメントを遂行されるのであろう。

11．攻めの采配の監督術（長嶋茂雄氏）

(1) どん底を味わうも奮起

長嶋茂雄氏は、昭和５０年（１９７５年）シーズンから６年間巨人軍の指揮をとるが、Ｖ９時代からの負の遺産（自前の若手選手の育成不足、主力選手の老齢化・故障など）が重くのしかかり、就任１年目は史上初の最下位という不名誉な成績に終わった。

マスコミからは「名選手、必ずしも名監督にあらず」と揶揄されたが、ここからが長嶋らしい踏ん切り・決断をする。「どん底から新しいものが出てくる。人生なんてそんなもの」と割り切って、新たな再建プランを立て実行し、翌51年シーズンは見事リーグ優勝を達成した。

監督の采配でどのくらい勝つかについて、こう語る。

「監督の采配で勝つのは、年間で2ゲームか、3ゲームというところでしょう。本当に微々たるものですよ」、「監督の采配というのは、言ってみればミスの社会じゃないですか」、「しかし、選手が力を出して、そのミスに歯止めをかけてカバーする。これが監督商売の本質じゃないでしょうか」。強いチームは、監督の決断ミスであれ、選手個々人のミスであれ、それらのミスを選手みんながカバーして勝ち進むということなのだろう。長嶋監督の采配論は、「チームの盛衰は、監督の力で99％が決まる」とする、前任の川上監督と大きく違っているように見える。ただ、ミスをお互いカバーし合うチームプレーの精神を作り上げるのは、監督の重要な仕事であることを考慮すれば、両者に本質的な違いはないと思われる。

長嶋采配の妙は、ゲームの流れを左右する個々の選手の勢いを踏まえたチームプレーを重視した点にある。

(2) 攻めの采配

「お客様にいい夢だけを売っていく。これが僕の考え方だったし、それを実践してきたつもりだ」、「なんといってもファンの皆さんに喜んでいただく、それを終始一貫しなくてはならないと思う」。こうした考え方は、現役時代、監督時代を通じて首尾一貫していた。「スタンドの皆さんとベンチが一体となる野球を目指していた」ことから、攻めの野球、攻めの采配が多くみられた。攻めの監督として、数多くの失敗も重ねたものの、通算15年間でリーグ優勝5回、日本一は2回という立派な成績を残されたのは、さすがである。

巨人監督退任後、２００４年アテネ五輪野球監督という大役に就いたが、本番5か月前の3月に脳梗塞の発作を患い、昏睡状態で東京女子医大病院に運ばれた。退院後、右半身に麻痺は残ったが、外出できるまで回復できたことは「奇跡」だと医師から言われた。理学療法、作業療法、言語療法などを欠かさず、毎朝一時間の散歩や筋トレの継続で順調な回復を辿られたのは、何事にも全力で取り組む長嶋さんの前向きな姿勢によるものである。

(3) 野村監督との違い

野村さんは「長嶋が太陽のもとで咲く向日葵（ひまわり）なら、俺は月夜にひっそりと野に咲く月見草だな」とよくぼやかれていたが、実情はどうだったのだろうか。

長嶋監督時代に巨人にドラフトで指名され、最後は野村監督のもとで現役を終えた角盈男さんは、現役時代は最優秀救援投手としても有名だったが、両監督の違いについて、こう語っている。

「長嶋さんも野村さんも血液型はB型です。二人の共通点は目立ちたがり屋という点です。長嶋さんの場合はそこにいるだけで目立つ上に、動きが派手ですから余計に目立ちます。野村さんの場合は体で表現するのがヘタなので、言葉で目立ちたがります」、「野球のやり方をみていると、長嶋さんは見た目と違ってやることがオーソドックスです。長嶋さんのことを「カンピュータ」などと言う人がいますが、決してそんなことはありません」、「一方、野村さんは策士です。セオリーを十分心得ているのに、セオリー以外のことをやって目立ちたがるタイプです」。

つまり長嶋采配は、意外にもセオリー重視、実績重視のオーソドックス型であるのに対し、野村采配は反対にあえてセオリー以外のことをやって、鬼面人を驚かす効果を狙っているという。両監督に近い位置にいた角さんの言葉だけに、両者の違いにつき本質をついた指摘と言えるのだろう。

長嶋野球をみていて感じるのは、野球を全身で楽しんでいることである。選手と一緒になって走り、打って、守る真摯な姿は、現役選手から監督時代を通じて首尾一貫したものがあった。無言の背中で導く監督と言っても、過言ではあるまい。

将棋棋士の羽生善治さんは、長嶋茂雄氏との対談後の印象について、「どんな質問にも豊富なボキャブラリーで弁舌さわやかに答えてくださり、こちらを明るい気持ちにさせてくれる。監督時代はとくに平坦な道のりではなかったはずなのに、影の部分を全く感じさせない。そこに、人間的な強さと度量の大きさを感じずにはいられなかった」と述懐されている。

(4) プロ野球を愛し球界の発展を希求する姿勢

長嶋さんが監督に就任された昭和50年は、前述した通り最下位という不本意な成績に終わった。首位広島とのゲーム差は27ゲーム、しかも優勝を決められた後楽園球場の対広島戦では0対4の完敗だった。普通だとここで萎れてしまうのだが、ここからが真骨頂である。スポーツ新聞からの優勝監督古葉さんとの対談企画になんと応じたのである。優勝当日は祝賀会のため対談先のホテルには古葉さんは相当遅れたが、きちんとした背広姿で待っていてくれた長嶋氏との対談も無事行われ、翌日大きく掲載された。古葉さんは当時を振り返り、「長嶋さんは現役時代も気配りの人でしたが、今回もプロ野球界全体のことを考え、またカープファンへエールを送りたいと考え受けてくれたのでしょう」と語っていた。古葉さんは「自分ならできないな」と回顧されていたが、野球界全体の発展を真に希求する長嶋さんにとっては、当たり前の行動だったのだろう。

現役引退セレモニーで残した言葉は、「巨人軍は永遠に不滅です」であるが、野球をこよなく愛する長嶋の真意を忖度すれば、続けて「プロ野球も永遠に不滅です」とも叫んでいたように思われる。

最後に、長嶋茂雄の愛弟子である松井秀喜の長嶋監督評を付記しておこう。

「長嶋監督は他の監督とは全くちがいますね。監督が最優先していたのはファンであって選手ではないのです。ファンにどう喜んでもらうか、そのためにどういうチームを作って、どうやって勝つか、どういうタレントを集めるか。長嶋茂雄は、他の監督とは全く違うプロデューサーなのですよ。それを分からないと、長嶋監督の本質は理解できないと思う」。このコメントこそ、ファンサービスに徹した長嶋監督像を見事に表現しているように思われる。

以下では、プロ野球の監督の在り方、役割等について、記してみたい。

ファンの熱狂を待つ東京ドーム

12. 監督の器とチーム力

(1) 監督の器とは

「組織はリーダーの器以上にはならない」、「組織はリーダーの力量以上には伸びない」とよく言われる。野村さんは野球に置き換えて、「チームは監督の力量以上には伸びないし、監督の力量以上には大きくならない」と捉えている。

監督の器、力量を支える要素は何か。信頼感、人望、度量、決断力などが考えられるが、最も重要なのは信頼感であろう。「この人についていけば何とかなる」と思わせるものがなければ、個性の強い軍団を統率することはできないからだ。

二つ目は、明確な野球観である。優勝という目標に向かってどのような道筋、プロセスで達成するのかを示したビジョンの提示である。

三つ目は、決断力・実行力である。監督の最大の仕事は、リスク管理であり、不測の事態への対応力が問われるからだ。例えば、先発投手に途中の回で不調のサインが見られたときに、的確に救援投手を交代させることができるかどうかである。タイムリーな投手交代ができないと、相手チームに打ち込まれて勝ちを逃すので、私情を排して冷静に判断・行動する必要がある。

「アマは和して勝つ、プロは勝って和す」は、知将三原脩氏の言葉である。その意味するところは、「アマはチームワークの大切さを学ぶことが重要であるが、プロは困難に直面してても勝つことで、チームワークが生まれ結束力を高めることができる」。

勝利を目指して戦うプロ集団である以上、指揮官たる監督は最終的には個人の成績より、チームの成績ひいてはチームの総合力の向上を優先して指揮すべきなのだろう。

サッカーのワールドカップ（W杯）ロシア大会で日本代表が三度目となる決勝トーナメント進出を果たした。前任のハリルホジッチ監督は自分の理想とするチーム像に選手をはめ込んでいくスタイルだったが、選手との信頼関係、一体感は欠如していた。後任の監督西野朗氏は、逆に選手の意見に耳を傾け、適材適所の配置を行ったことで、日本チームの得意とする組織力をうまく引き出した采配は見事なものだった。正に監督の力量・度量の大きさ如何が、チーム力の強弱に反映された事例であったのではないかと思われる。

サッカー日本代表選手として出場した本田圭佑さんは、日経ビジネス誌上で、「選手が自由にプレーできる環境を西野さんが整えてくれたので、現場の雰囲気はものすごく良かったですね。犠牲心をもって、組織やチームのために尽くすという日本の強みを発揮できたと思っています」と述べている。

（2）監督を支える参謀の役割

V9時代の川上監督を陰で支えた参謀役は、牧野茂氏である。産経新聞によると、川上さんは生前、V9という偉業達成の秘密についてこう話していたという。

「長嶋、王の存在もあるが、ひとつ挙げるとすれば牧野茂君の存在だな。彼なくしては、V9はなかった。僕を徹底的に補佐し、ときには苦言を呈する。そんな男、そうはいないだろう」。中日を退団したばかりの牧野茂氏は巨人の長所、短所を鋭く指摘したうえで、「近代野球は個々の力ではなく、組織力でこそ勝利が見える」と説いたという。その論評に感銘を受けた川上監督は、即座にコーチとして招聘、ヘッドコーチという参謀格で処遇されたのである。

歴史を振り返ると、名だたる戦国武将にも名参謀役が存在した。豊臣秀吉に黒田官兵衛、武田信玄に山本勘助、上杉景勝に直江兼続などである。ただ、織田信長には参謀役が見当たらないが、司馬遼太郎はその理由について、「播磨灘物語」でこう語る。

「要するに信長は才能を優遇する代わり、それを道具としか考えていないのだろう。道具を相手に相談できるかということもあったかもしれない」、「信長は自己しか信じなかった。人物にふさわしい地位を惜しげもなく与えはするのだが、ただ台所のすりこ木のように酷使した」。しかしながら、こうした自己中心の自信過剰は天下統一という土台は築いたものの、結果として腹心と言われた明智光秀の謀反を引き起こす引き金になったのではなかろうか。

ローマ史に詳しい塩野七生さんは、「ローマ人の物語」で「優れたリーダーとはその才能によって人々を率いていくだけの人間ではない。率いられていく人々に自分たちがいなくてはと思わせることに成功した人でもある」と述べている。優れたリーダーには、人を惹きつける人間的な魅力があるのだろう。

13.「負けに不思議の負けなし」

「勝ちに不思議の勝ちあり。負けに不思議の負けなし」。この言葉は、肥前国（長崎県）平戸藩（平戸市）の藩主・松浦静山の名言として有名である。財政窮乏状態にあった平戸藩の再建に尽力した藩主であり、剣豪・博学者としても知られている。「理にかなった技で戦えば、勇ましくなくても、勝つ。それ故、傍で見ていると、不思議な勝ちに見えるだろう。理に合わない技を使って戦えば、必ず負ける。よく反省すれば、負けた理由が分かる」ことを意味している。

この名言を野球に適用し有名にしたのが、野村克也さんである。

「負け試合だと諦めていたのに、「勝手に相手が崩れてくれた」、「凡フライを落球してタイムリーエラーとなった」などという理由で勝利が転がり込んでくることがある。つまり、勝ちには「不思議な勝ち」がある。しかし、負けには「不思議な負け」はない。必ず負けに至った理由がある」。

「だから、勝ったときは、謙虚な気持ちを忘れてはいけないし、負けたときには常に「なぜ」と敗因を問い、反省し、対策を練るべきなのだ。「野球は確率のスポーツ」と理解しているが、成功する確率の高いプレーとは、そうした繰り返しの中で生まれてくるものである」と述べている。

この点は、企業経営でも同様である。経営業績が赤字化した場合には、為替レートが予想以上に円高になり採算がとれなくなったとか、商品に差がないため乱売合戦に巻き込まれてしまったとかである。一方、黒字を維持したとしてもライバル企業の倒産などにより競争環境が好転したなど、偶然の要素も考えられるからである。

落語の語り口に「いつまでも、あると思うな、親とカネ、ないと思うな、運と災難」は、いい得て妙である。どん詰まりの状態でもいつかきっと運が向くことがあると信じていれば、人間は持ちこたえることができる。

「創業は易く　守成は難し」とよく言われるが、「人事を尽くして　天命を待つ」との精神でやるべきことをやり尽くした人間には、天（運）も微笑むのだろう。

14. 監督と選手との関係

(1) 対極に位置する監督

プロ野球では、監督と選手の関係も悩ましい問題かもしれない。

野村克也さんは、「いかに問題意識を選手に植え付けて引っ張っていくか、監督の役割はそれに尽きる」、「ところが、最近は采配にしても定理、原理を持たずに、選手と同じレベルで野球を考えている監督が多いように感じる」とし、「監督というのは、選手に対し常に「対極」に位置しなきゃいかんということです」と、語っている。

イングランドプレミアリーグで活躍中の岡崎慎司さんは、「監督は黒子であり、全体を俯瞰(ふかん)してみなければいけない。戦い方を落とし込む上でも、「選手」をマネジメントする上でも、自分のイメージや感覚だけで話しても伝わらない。選手同士で使う言葉は、監督対選手では通用しない」と語っている。

こうしてみてくると監督と選手は対岸、対極に位置してはいるものの、選手との信頼関係は確立していなければいけない。「この監督についていけば、大丈夫だ」と選手から思われなければ、高い能力と強い個性を持つ集団を統率していくことは、不可能であるからだ。

名将と言われた監督は、ふだん選手たちと飲食をともにすることはないようだ。公私混同を避けたいという思いやチーム内に不公平感が生ずるのを避けたいとの意向から、そのように行動しているのだろう。

（2）ほどよい人間関係の距離感

ほどよい人間関係については、「ヤマアラシのジレンマ」が思い出される。哲学者ショーペンハウウェルの寓話をもとに、精神分析学者フロイトが考えた人間関係についての考察である。

「ヤマアラシは一匹だと寒いので、他のヤマアラシとくっつこうとする。しかし、くっつくと針が刺さり痛いので離れようとする。くっつきたいのにくっつけない。離れたいのに離れられない、というジレンマが人間関係に似ている」。

要は、ヤマアラシと同じように、人間関係も相手によって「針の長さ（痛いと感じる距離）」が違う中で、適度な距離感を保って付き合うことが必要である。

日本ハムの栗山監督は、「監督なのだから当たり前だと思われるかもしれないが、僕は意識的に、選手と必要以上に仲良くすることは避けるようにしている」、「いまはつかず離れず、監督と選手にふさわしい適度な距離感を保てるように努力している」と、選手と仲良くし過ぎないようにされている。

監督と選手とのほどよい関係は、民間企業における上司と部下との関係についても、同じことが言えるのだろう。

（3）選手の起用法

一軍の登録枠の中から試合に出場する選手を選ぶ明確な基準はあるのだろうか。この点について、元巨人監督の原辰徳さんはこう語っている。

「選手を起用するうえで、調子の良し悪しを見分けるバロメーターがある。大事にしているのは、体の重心である「へそ」。練習のときから選手のへその位置、向きはよく見ている。バッティングにしろ、守備にしろ、構えたときにへその動きは地面に平行になる。この重心の位置が変わらない選手は、野球がうまくなる。土台となる下半身のぶれがないからだ。この重船でいう、舵と思ってもらえばいい」、「よく「原采配が当たった」と大げさに書かれるが、僕は決して闇雲に宝くじを買うように、選手を選んでいるわけではない。その選手は「打つべくして打った」のだと思っている。それでなければ、思い切った選手起用はできない」。

へその位置、ぶれない下半身の動きが選手起用の判断基準になるということだが、この点は他のスポーツでも同様なのだろう。

選手交代で一番難しいのは投手交代のタイミングである。この点について、日本ハムの栗山監督はこう語る。

「試合中はいつも二手先、三手先を読みながら、頭の中でシミュレーションを繰り返しているけど、特に投手の継投に関しては、考えなければいけないことが多くて、ものすごく速い。感覚としては、解説者としてものを考えていたときの、10倍ぐらいのスピードで決断していかないと、間に合わなくなってしまう」、「選手同様に、監督も思考と準備のトレーニングを積んでいかなければ、試合のスピードにはついていけない」。

投手交代のタイミングや交代する投手の選定を誤ったがゆえに敗戦に追い込まれるケースがよくあるので、監督の悩みはよく分かる気がする。

15. 監督とは

(1) プロ意識の徹底

野球を実際にプレーするのは選手であるが、選手のハート、心に働きかけ、やる気を引きだすのは、監督の仕事である。

九連覇という偉業を成し遂げた川上監督は、監督の役割についてこう語る。

「選手が身体を壊したり、怪我をしたりすることがないよう、チーム一丸となり鍛錬や試合に集中できるようにするのが監督の役割である。それが管理と言えば、管理である」、「プロ野球の監督が常に第一義に掲げるべきものは、プロ意識の徹底である。プロ意識を徹底させ、実行する集団からかもしだされてくる魂なり、精神こそ第一義である」。

監督とは、自分の背中で以って、選手らに野球人生で大切なこと、プロ意識の真髄を教える存在なのだろう。

「監督はチームを勝たせるのが仕事で、選手を指導するのはコーチに任せればいい」という風潮に対して、広岡達朗さんはこう反論する。

「監督は、選手の親から大事な子供を預かっている以上、選手たちを一人前のプロに育て上げる責任がある。そして、一緒に汗を流した選手たちが成長すれば、結果としてチームの強化につながるのだ」。広岡さんは、ヤクルト、西武の監督として日本シリーズに優勝し、セ・パ両リーグで日本一を達成した方だけに発言の重みはある。

英国サッカーのプレミアリーグ・レスターに所属する岡崎慎司さんは、「選手を信頼し、可能性を伸ばしてくれる監督こそが選手には得難い存在になる」と語っている。

⑵ 三つの敵

「監督には三つの敵がある」と語ったのは、知将・名将と言われた故三原脩さんである。即ち、「選手」、「オーナー」、「ファン」という三つの敵に負けたとき、プロ野球の監督は敗北すると考えていた。その背景・理由について、野村克也さんは、こう解説している。

監督には「こういう野球がしたい」というビジョンがある。それを実現するため、それぞれの選手に役割分担させようとするが、選手は思い通りには動いてくれないのが通例である。

というのは、監督がチームを第一義に考えるのに対して、選手はどうしても自分のことを中心に考えるからだ。監督が選手を指示通り動かすには、彼の野球観を選手に理解させねばならない。つまり、監督は相手チームと闘う前に自軍の選手たちと毎日勝負しなければならないのである。それが「選手が敵」という意味である。

二つ目の敵とされるのは、「球団オーナー」である。確かにプロ野球のチームの盛衰は、球団オーナーの姿勢や考え方に大きく左右されると言っても過言ではあるまい。監督の考え方を理解し、人材の補強面で協力を惜しまない、また現場の指揮を監督に任せることができるかどうかにより、監督の力が存分に発揮できるかどうかが決まるからである。

監督にとり、最後の敵が「ファン」である。「ファンほど強力な味方はないが、同時にファンほど恐ろしい敵もいない」。チームが勝てばよいが、負ければ、ボロカスに言われる。またファンが特定の選手を肩入れしてしまうと、その選手が過保護状態に陥ってしまう。ファンからスター扱いされている自分が活躍できないのは監督のせいであると、責任転嫁される恐れが生ずる。その意味で「ファンほど恐ろしい敵はいない」。

野村さんはこれら三つの敵に加え、四つ目の敵として「マスコミ」をあげている。特に、最下位に低迷していた阪神監督時代に、マスコミから集中砲火を浴びたせいもあるのかもしれない。

四つの敵の根源にあるのは、「自分自身との闘い」である。野村さんも述懐していたが、選手に対する対話にせよ、オーナーとの対話にせよ、ファンサービスにせよ、マスコミ対応にせよ、根底には自分自身に打ち勝ち、これらの「敵」に我慢強く対応し、ウィンウィンの関係、共存共栄の関係を築けるかどうかにかかっている。その意味では、最大の敵は「自分自身」というのも宜なるかなと思われる。

(3) 監督は中間管理職

日本ハムの栗山監督は週刊東洋経済誌上で、「米国のメジャーリーグでは、監督のことを「フィールドマネージャー」と呼んでいますが、私がイメージする監督像もそれに近いと思います。フィールドマネージャーの権限は、フィールド内に限られ、ゼネラルマネージャーの方針に沿ってチームを運営し、試合における選手起用や勝負に関する責任を負う立場にあります」と述べた後、「チームの現場と球団とでは時間軸が異なっています。現場はいつも「今年優勝するために」戦っていますが、球団・フロントはこれから5－10年先も優勝できるようなチームをつくることが仕事です。・・・だから私も監督という立場が偉いわけでもなんでもなく、一般企業の中間管理職であると言っています」と語っている。

このように栗山氏は、監督の役割、位置について、一般企業で言えば部長職相当ですよと謙遜されている。ただ筆者としては、監督が現場での指揮を全面的に任されている以上、民間企業で言えば業務面を統括する執行役員クラスになるのかなと考えている。

監督の役割や位置づけについては、球団オーナーやフロントとの信頼関係などにより異なるが、Ｖ９時代の川上監督のようにゼネラルマネージャー的な役割を果たす監督もいるのではなかろうか。

（４）ポジティブ志向とビジネスとの共通項

なでしこジャパンを世界一に導いた佐々木則夫氏は、組織のリーダー役に求められるものとして、「今日は明日の始まりだという空気を作り上げること」が大事であると述べる一方、「試合に負けたあと、私は「悔やんでも仕方がない。次にどうするかを考えようじゃないか」と選手に言うんです。結果が出ていない時期でも、勝つための準備はできる。それはしっかり続けていこう」。

「自分自身の可能性を信じて、つねにポジティブな気持ちでいるように心がける」、「自分が変われば部下は変わる。組織が変わる。世界だって変えることはできるのです」と、ポジティブ志向の重要性について語っている。サッカーも、ビジネスも、人生においても、そうあるべきだと考えるのが佐々木監督の流儀なのだろう。

年初の箱根駅伝で四連覇を達成した青山学院大学陸上競技部監督の原晋氏は、三つの行動指針が好成績の背景にあるという。即ち「一に感動を人からもらうのではなく、感動を与えられる人間になろう、二には今日のことは今日やろう、明日はまた明日やるべきことがある、三には人間の能力に大きな差はない、あるとすれば熱意の差だ」と。選手がこの三つの精神を受け継ぐことで強い組織がつくられたと述べた後、規則正しい生活が重要であると付け加えている。

さらに監督業とビジネスの原理は共通であるとして、「監督業は、要するに人と物、お金を動かしてチームを作り上げていく仕事であり、これは私が営業マン（中国電力）としてやっていたことと、全く変わらない。駅伝で優勝することもビジネスで成功することも人間のやることだから、実はプロセスにおいて全く同じだ」、「青学の優勝は私が営業マンとして身につけたビジネスのスタイルやノウハウ（提案型営業）を駆使した結果だと思っている」と語っている。

ラグビー監督の言葉に、「BETTER THAN BEFORE」がある。これは、「前よりもよくなろう」、「昨日より今日、練習の度に進歩しよう」の意である。伸びる選手と伸びない選手の違いは、監督の言葉をかみ砕いて自分のものにするか、聞き流してしまうかの差なのだろう。

一言で言えば、監督とは「自分の背中で以って、野球人生で大切なことを教える」存在である。あくまで自分流に、マイペースで背中をもって語り継ぐという姿勢で思い出したのは、作家城山三郎の座右の銘である。

「静かに行く者は　健（すこ）やかに行く。

健（すこ）やかに行く者は　遠くまで行く」

これはイタリアの経済学者パレートがモットーとしていた言葉であるが、ゆったりとした自分流の生き方が自然に伝わってくるようだ。

（5） 名監督とポジションとの関係

野球評論家の野村克也氏の持論は、「プロ野球の歴史で外野手の名監督は生まれていない」である。

ただ２０１８年シーズンのセ・リーグ監督を見ると、中日の森監督（投手出身）を除き、三連覇を果たした広島カープの緒方監督をはじめ五人ともすべて外野手出身である。ポジション別の監督の適性について、野球評論家の権藤博氏は、「常に野球の中心にいる投手や捕手出身の監督は一部の例外を除き、自分たちが一番優秀だと思っているから、選手のアラばかり目が行き、微妙な心理に気が回らない。一方、野球の中心から外れて生きてきた外野手は「自分はしょせんそんなもの」と思っているから、人の弱さを思いやることができる」と語り、気配り上手な外野手出身の監督に対しエールをおくっている。

外野手でも相手チームの攻撃態勢から守備位置を変えたり、打席でも投手の弱点や癖、相手の守備位置を子細に観察しながら打撃を行うなど、「考える野球」を日ごろから実践してきた選手は同じミスを繰り返さない向上心があるので、外野手でも監督適性はあると言えるのではなかろうか。

＜注＞一軍監督と二軍監督の差異
一軍監督は勝利が至上命題であるが、二軍監督は若手選手の育成が主な任務となる。ヤクルトの二軍監督高津臣吾さんは、著書の中で、「選手には思い切り野球をやらせることが大事だ」、「なぜなら、失敗すれば自分の欠点を知ることができる。成功すれば自信を深めていくことになるからだ」と語り、「選手を育てるためなら負けてもいい」との持論を展開している。

16. プロのチームワーク論

(1)「プロは勝って和す」

チームワークとは通常、仲間同士、友達感覚で仲良く楽しくやること、協調性・連帯性のあることとされているが、プロの世界では違うようだ。

南海ホークス（現ソフトバンク）の黄金時代を築かれ名将と言われた鶴岡一人氏（優勝10回）は生前、「チームワークとは何か」と問われて、こう語っている。

「人は仲良く楽しくというが、プロの世界ではべつに楽しくなんかなくてもよい。チームワークというのは、一つの目標のためには、お互いが喧嘩したって構わないんだよ」、「それぞれが自分の力を十二分に発揮し自分の役割をまっとうすること、それがチームとしてのワーキングになるのだ」。例えば、一点リードされた後半、二塁に進んだランナーが相手投手の牽制でアウトになり、ベンチに戻ってきた選手に「ドンマイ（気にするな）」はあり得ない。これはプロのチームワークとは言えない。この場面では、「何やってんだ」、「頭はないのか」と厳しく叱責されて然るべき行為なのであろう。

「アマは和して勝つ。プロは勝って和す」と、よく言われる。高校野球の場合には、教育効果を狙い失敗しても「気にするな」と仲間が声をかけても当然かもしれないが、結果責任が厳しく問われるプロの世界ではそうはいかないということなのだろう。

（2）チームワークの象徴

ワンプレーで二つのアウトをとれるダブルプレーは、チームワークの象徴である。元巨人の仁志内野手は、ダブルプレーの極意についてこう語っている。

「ゴロを捕ってからの送球は、受ける側の気持ちを十分に考えてあげなければいけません。ゴロを処理する選手が送球するまで時間をかけてしまえば、ベースに入った選手に負担がかかります。できるだけ早く相手がとりやすく、送球しやすいところへ投げてあげる。ダブルプレーは、これらの思いがベースとなって完成します」。要は相手を思いやることがチームワークであり、それがダブルプレーに不可欠な要素なのだろう。

組織内でのチームワークを醸成するためには、相手への思いやりの精神を持つ人材の育成がカギを握る。

海軍大将の山本五十六の名言に、「やってみせ、言って聞かせて、させてみせ、ほめてやらねば、人は動かじ。話し合い、耳を傾け、承認し、任せてやらねば、人は育てず。やっている、姿を感謝で見守って、信頼せねば、人は実らず」がある。この言葉には、一人ひとりの成長を通じて、チームワークを発揮していくことの真髄が包含されている。

(3) 仕事との共通性

社会人野球を統括する日本野球連盟会長の清野智氏は、チームワークの意義について、こう語る。

「野球と仕事とは、チームワークが大切という点で通じるところがある。一人ひとりが自分の役割に対してベストを尽くして成り立つ」、「自己を律する感覚が社員の手本になる」。

社会人野球の企業チームの盛衰は、企業の業績と深く関係している。1993年には148あった企業チーム数は、2010年83チームに落ち込んだ。ただ景気拡大に伴い、2018年には94チームにまで回復した。自社の野球チームを応援することで、会社と社員との結束力・一体感が高まる効果、ひいては地域活性化につながることを期待されてのことであろう。

「一隅を照らす」という言葉がある。選手それぞれが与えられた責務を全うし全員でチームを支えていくことではじめて、チーム力が最大化できるのだと思う。この点は、企業経営でも同じことが言える。

野球やサッカーなどの集団競技では、在籍年数が長い選手が多いチームは選手間の連携が取れて強いと言える。反面、離職率の高い組織ではチームワークが働きにくくなるのは、スポーツの世界に限られるわけではないのだろう。

17. 「SAFETY IS A GOOD BUSINESS」

(1)「保安なくして　経営なし」

この英文の言葉は、欧米の化学メーカーの社是である。「保安投資により安全確保を最優先にすること、即ち安全最優先の企業文化・風土の確立によりはじめて、経営基盤が確立され大きく成長することができる」という意味である。正に「安全・安心の追求は、企業価値を高める源」である。筆者が前著で題名にした「保安なくして　経営なし」は、この精神を体現した言葉である。

この言葉は、プロ野球にも応用できると思う。チームの最大の資産である選手の怪我を予防し、健康・精神状態を常に健全に保つことこそ、チーム力向上のカギを握るのではないだろうか。その意味で選手の安全・健康を第一義にしつつ勝利を目指す組織文化の確立が、どのチーム球団にも不可欠である。

報道によれば、最近は社内にトレーニングジムや仮眠室を設置するなど社員の健康に配慮した健康経営が拡がっているようだ。ニッセイ基礎研究所の江木聡主任研究員は「社員の健康増進がコストではなく、業績向上に欠かせない投資だという認識を経営トップ層が持ち始めた」と指摘している。

この点は、社員のモチベーションアップにつながる保安・安全力の向上についても同じことが言えると思う。ただ、持続的成長のための安全最優先の組織文化・社風の確立は、企業経営でも困難な課題である。

週刊ダイヤモンド誌ではエポックメイキングな出来事が起きたとして、以下のような記事を載せていた。

「トヨタの今年（２０１８年）５月の通期決算会見で、東京海上ホールディングスの永野毅社長が「激変の時代にあってトヨタの何を守り、何を変えないといけないのか」と、長期投資家の立場で質問された。永野氏の持論は、「企業文化が組織や人をつくり、その組織や人が商品やサービスをつくる。持続的に顧客から選ばれ続けるには、良い企業文化の醸成や浸透が起点であり、戦略」。これに対し、豊田章男社長は、「初めてこの場に参加していただき、株主の生の声を聞くことができ光栄」と感謝の言葉を述べるとともに、「過去の成功体験がものすごく抵抗している」、「企業文化を変えることは大変で、これまでも今も悩んでいる」と吐露された」。

歴史と伝統のあるトヨタであり最強の企業文化が形成されているのかと思っていたので、意外感があった。ただ、時代環境の変化、顧客のニーズに即応して、今までの企業文化を見直し柔軟に革新していくことは、持続的成長を使命とする経営トップにとっても永遠のテーマなのかもしれない。<注参照>

日本軍の組織論的研究を行った名著「失敗の本質」では、日本的企業組織も、「日本軍同様、過去の成功体験が上部構造に固定化し、学習棄却ができにくい組織になりつつあるのではないだろうか」と警鐘を鳴らしている。

昨今の自動車メーカーの検査不正問題、鉄鋼メーカーの部材品質不正問題の発覚などの不祥事に関する記事を見るにつけ、豊田社長の問題意識、健全な企業文化の確立への思いがよく分かるような気がしてくる。過去の成功体験が大きければ大きいほど企業風土、社風を変えていくことの難易度は、より高くなる。

山本七平の「空気の研究」では、「「空気」とはまことに大きな絶対権をもった妖怪である。一種の「超能力」かもしれない」と記されている。組織内にいったん根付いた文化・風土を変えることは、一朝一夕にはできない。トップダウンによる粘り強いリーダーシップの発揮が不可欠であるということなのだろう。

＜注＞企業の命運を左右する風土・体質改革

柴田昌治氏の「なぜ会社は変われないのか」は、自動車部品メーカーを舞台にした企業風土改革に関する物語である。経営トップの情熱と「二割の社員が変われること（問題意識を共有すること）」により風土改革は可能になるという指摘は、示唆に富むものと思われる。

⑵ 体・技・心

「心・技・体」という言葉があるが、プロ野球の場合には鍛える順番からすると、「体・技・心」である。どんなに高い志があっても、また高度な技術があっても、体が丈夫でなければ持続できないからだ。丈夫な体づくりは怪我の予防につながるし、高度な技の取得や、強靭な心にもつながる。

この点については、ソフトバンク監督の工藤公康氏も「いくら技術を磨いても、決定的な体力が欠けてしまったら、技術も落ちていく。体力に引きずられて技術までなくなってしまう。同じように、精神力も引きずられます」と語っている。

「ベンチがアホやから野球がでけへん」と発言したことがきっかけで阪神を退団した野球

評論家の江本孟紀さんは、最近の著書でこう語っている。

「野球をはじめ、あらゆるスポーツは突き詰めれば「トレーニング中にどれだけ我慢できるか」に尽きる。トレーニングほど単調でつまらないものはない。その単純な繰り返しを我慢することで、メンタルが強くなる」、「俺は猛特訓のお蔭で鍛えられ、全身にパワーが増してくるのを感じていた」。

また、「限界を超えた時の感覚」こそが大事として、「「もう限界だ」というとき、自然と力が抜けるようになる。フット体の力を抜くと、目いっぱい、投げていたときより、いいボールがいくようになる。そこからピッチングのコツを体得していったのだ」。

さらに、「オレの周りには投げ込みで壊れた者はいなかった」として、「故障の原因のほとんどは、練習不足と不殺生だ。これに尽きる。そこを見誤ってはいけない」と、警鐘を鳴らしている。

投手として江本さんは、プロ生活11年間で、通算113勝126敗19セーブ。78完投、17完封、防御率3．52という立派な成績を残された。

(3) ハインリッヒの法則

「一件の重大な災害や事故の背後には、29件のかすり傷程度の軽災害があり、さらにその裏には300件のヒヤリとした事例がある」というハインリッヒの法則は、労働災害の発生確率から導かれた経験則である。

災害、不祥事の小さなタネの積み重ねが大事に至るということの法則は、企業活動分野だけでなく、スポーツ界にも適用できる法則だと思う。2018年のスポーツ界の不祥事に関する事案を振り返ってみると、日大アメフト部の悪質タックル指示、日本ボクシング協会会長を巡る不祥事、レスリング界のパワハラなど、スポーツ界でも不祥事が続出したが、これらは急に生じたものではなく、この背景には小さな不祥事のタネが数多く見られたことであろう。

作家の柳田邦男氏は、「ミスというのは、小さなものであっても、状況によっては、もたらす影響や結果が非常に大きくなる危険性をはらんでいる。従って、たとえ小さなミスでも、その原因と背景をきちんと調べて対策を立てるのはとても重要だし、日常的にそういう対応をする企業風土をつくると、必ず大きな失敗（事故や営業損失）を未然に防ぐことに役立つことになる」と語っている。

これは企業活動に関連して述べられたものだが、ミスを不祥事に置き換えれば、スポーツ界においても通用するものである。安全確保やルール遵守が空気や水のようにあって当たり前の組織風土になることを目指したいものである。

18. 小さなミスを見逃さない

（1）指摘するタイミング

何気なく見逃してしまいやすい「小さなミス」は好調なときほどチェックする方がいいと主張される野村克也さんは、その理由についてこう語る。

「打ってもヒットが出ない。投げても打ち込まれてしまう、こんな時は、誰でも無用な反発を買うだけでしょう。こういう状況では、細かい指摘よりも、先ず抜本的な対策を講じ、選手がいかに気分よくプレーできるか考えるべきです。しかし、好調なときは、どんな注意も謙虚に受け入れやすい土壌があります。そういった背景を受けて、その「小さなミス」がなぜ見逃せないのか、どのような「重大な落とし穴」が待ち受けているかを説明していくのです。

「そんな細かいこと、いいじゃないですか。だって、いまは勝っているんですよ」、こんなふうに受け流してしまう選手が多いに違いありません。それはそれで、ごく当たり前のことです。誰だって気分よく家に帰りたいし、うまい酒を飲みたい。首脳陣だって同じです。でも、そこで妥協してはいけないと思います」。

さらに、日本経済新聞「私の履歴書」の中で、「今までの人生を振り返ってみると、「人間は恥ずかしさを感じることで、成長するものだ」とつくづく思う。思い通りにいかない状態を恥と感じるからこそ、がむしゃらに練習するし、工夫しようと考える。そうした努力によって一段ずつ階段を上がってきた」、「プロとして恥を知れ。なぜ失敗したかをよく考え、二度と繰り返さないように汗を流せと教えたものだ」とも述べている。

佐藤一斎の言志録でも、「立志の功は、恥を知るをもって要（かなめ）となす」とある。志を立てて成功するためには、恥をかくことを恐れない。恥をかくことも成長への糧となるのだろう。

（２）１％の判断ミスが大事を招く

プロ野球を観戦していると、監督の一つの判断・采配ミスで敗戦を招くケースがよくある。例えば、他の采配は完璧であっても投手交代のタイミングを間違えたことで失点を重ね、折角の勝ちゲームを逃してしまうことである。

こうした事例は経済活動でも見られる。日本経済新聞によると、２００８年のリーマンショックの背景を調査した金融危機調査委員会報告書では、「警告のサインはすぐそこにあったので、危機は避けられた」と結論づけている。米連邦準備理事会グリーンスパン議長が「自分は７０％正しく、３０％間違っていた」と答えたのに対し、フィル・アンヘリデス委員長は「タイタニック号の船長は１％を間違えたが、その１％が致命的なのだ」と反論したとしている。

東京電力福島原発事故においても、事故前に予測された大津波による被害警告を想定外として軽視・過小評価せずに事前に対応していれば、減災できたのにという思いは強く残る。原子力の「絶対安全神話」に拘束され思考停止に陥ったのが悔やまれるが、企業活動においては想定されうる不測の事態への備えを怠らない心構えが不可欠である。

19. 気持ちの切り替え

シーズン中は毎日結果が分かるプロ野球の監督の心労、ストレスには、大きなものがある。とりわけ負けゲームの後などはどうされているのだろうと思い、古葉さんに尋ねたところ、「負けた時は自分でどこが悪いのかよく分かる。ピッチャーの交代がどうだったとか、ピンチヒッターをどうすればよかったとか、内野の守り、外野との連携が悪かったということですね。だから負けた時の方がかえって整理できてスーと寝られる。逆に勝った時の方がかえって興奮してこの勝ちを明日にどうつなげようかと考え、なかなか寝られないのですね」と。その日の出来事、勝負はそこで終わりにする、明日にまで持ち越さない。彼の生来の負けず嫌いの性格がよくあらわれている。

名監督と言われる人は、技術、能力もさることながら、気分転換、気持ちの切り替えも一流なのである。毎日の勝敗に一喜一憂していたり、小さなミスにくよくよ悩んでいたりでは、プロ野球のような長丁場を乗り切ることはできない。

ゲーテは、「処世のおきて」の中で、「気持ちの良い生活をつくろうと思ったら、済んだことはくよくよせぬこと、滅多なことに腹をたてないこと、いつも現在を楽しむこと、とりわけ人を憎まぬこと、未来を神に任せること」と述べている。

気分転換と言えば、最近は座禅を組むことがブームになっている。鎌倉の円覚寺は、文豪夏目漱石が参禅した寺としても知られている。円覚寺塔頭黄梅院副住職の内田一道氏によると、昨今の禅ブームに触れ「禅というのは、忙しい日常の中で頭を休ませること、つまり「考えない」訓練です。最近では就職や仕事で悩むのか、大学生や30－40代の会社員の参加者が目立ちます」と、日本経済新聞紙上で語っている。筆者の体験でも、参禅中に「警策」（けいさく）という平たい木の棒で背中をパシッと叩かれると全く痛みを感じず、かえって爽快な気分になるから不思議である。

総理時代に谷中の全生庵で座禅を組まれた中曽根康弘氏はその理由について、文芸春秋誌上で「ご住職には悪いけれども、私の座禅は全生庵にごみを捨てにきているようなものです」と語っている。それに対し、住職の平井正修さんは、「ほぼ毎週末、座禅を組まれていましたから、一週間に頭に詰まった様々な思いを、週末にいったん捨てていたのでしょう」と解説されている。トップリーダーとして珠算での「ご破算で願いましては」と同様に、頭の中をいったんまっさらな状態にして、新たな構想を練ることの重要性を示唆されているのだろう。

20.「面」の野球と「点」の野球

2018年シーズンのセ・リーグの野球、巨人対広島戦をテレビ観戦していて痛感したことがある。それは、広島カープの野球が「面」的な広がり、全員野球で展開しているのに対し、巨人が「点」的な狭いスペースで選手が個々バラバラに戦っているように見受けられたからである。巨人が広島カープには勝てないはずである。案の定、終わってみれば巨人の対広島戦は、6勝17敗1分けと圧倒された。

巨人が選手の個人技、自己流に「点」的に行動、「個人野球」スタイルでプレーしていたのに対し、カープの選手はチームプレーに徹し、自己犠牲も厭わずにチーム一丸となって勝利に向かって、「面」的に「全員野球」の精神で闘っている。これではゲームの流れ、勢いを引き寄せられるのは、「面」的或いは「組織」的な野球を展開するカープ野球に傾かざるをえないであろう。

V9時代の強い巨人が脳裏に焼き付いている巨人ファンの筆者としては、昨今の巨人の戦い方にはもどかしさ、歯がゆさを覚えるが、読者諸氏は如何だろうか。チームプレーを重視し、九連覇を果たした組織野球の川上野球の伝統を引き継ぎ進化させたのが、広島カープだったことにはアンビバレントな思い（相反する感情）を抱かざるを得ないが、これも時代の流れなのだろうか。

遅すぎた感はあるものの、クライマックスシリーズ（CS）でヤクルトを下したときは、「チームが一丸となって戦っている。シーズン中にはない雰囲気」（菅野智之談）だった。しかし、その後行われたCS（クライマックスシリーズ）での広島戦では三連敗を喫し、改めてチーム巨人の抱える課題を浮き彫りにした格好になった。

三連覇を果たした広島カープの強さの背景には、自前で育てた選手の活躍がある。それに対して巨人で若手が育てられていないのはなぜだろうか。その点について、巨人OBの篠塚和典さんは、「巨人は人気球団なので、二軍選手でもチヤホヤされてしまって、ハングリー精神がなくなってしまう。それと、試合ばかりやっている今の二軍のシステムにも問題がある。二軍は試合より、基礎的な練習に時間を割くべきだ」と語っている。

あるべき巨人の姿としてはFAでの補強もさることながら、自前でしっかりしたプロ意識を持った若手選手を育成することが最大の課題になるのではなかろうか。

高橋由伸監督に代わり新しく巨人監督に就任された原辰徳氏には、面的な広がりを持ち、かつチームプレーに徹した規律ある組織野球・全員野球の復活を期待したいものである。

安全最優先を軸に持続的な成長を目指す企業経営の視点で見れば、選手が「点」ではなく、「線」として「面」として自在に展開し、チームプレーで勝利を確実にしていくカープ野球から学べる点は、大なるものがあると思う。

プロ野球では年間１４３試合を三勝二敗のペースなら優勝、二勝三敗のペースなら最下位という、正に紙一重の勝負を競う過酷なレースである。それだけに勝敗の行方を左右する監督のチームマネジメントは重要である。この点は厳しい競争条件下にある企業経営でも同じことが言えるのだろう。

本章では、大谷翔平を育てた栗山監督をはじめ歴代名将と言われた監督のチームマネジメントを見る中で、企業経営にも参考になる諸点を整理してみた。名将には明確な定義はないが、作家の童門冬二は戦国武将の記録を調べ、「風度」という言葉を見つけている。つまり「あの人の言うことなら」、「あの人のすることなら」と周囲に認められるだけの人間力である。雑誌「致知」誌上で、「この風度こそ人間がＡＩ（人口知能）に打ち勝つ最後の切り札になるのではないか」と述べている。プロ野球球界で歴代名将と言われた方々には、人をひきつける人間的魅力、「風度」があふれていたのではないかと思う。この点は、多くの社員を率いる経営者、管理者にも必要とされる資質ではないだろうか。

第二章

進化するプロ選手の技・技術と企業経営の活路

1. 二刀流でのメジャー挑戦（大谷翔平）
2. 大リーグ夢への挑戦（松井秀喜）
3. 努力は裏切らない
4. 「初心忘るべからず」
5. 「江夏の21球」を巡る物語
6. 盗塁の極意
7. 主役を支える脇役の技と力
8. 送りバント（犠牲バント）の極意
9. プロフェッショナルとは何か
10. 投手の特性
11. 集中力を高める
12. 大切なポジティブ思考
13. 捕手は守りの要（かなめ）
14. 一流のマナーを身につける
15. 「たかが野球、されど野球」
16. 勝負強さ
17. プロ入り後伸びる選手の特徴
18. チャレンジ精神
19. フェアプレーの精神

第二章　進化するプロ選手の技・技術と企業経営の活路

監督のチームマネジメント、采配が有効に機能していくためには、個々の選手がプロとしての技や技術を存分に発揮していくことが大事である。以下では先ず、投打二刀流で活躍している大谷翔平をとりあげたうえで、松井秀喜をはじめプロ選手の技や技術の真髄を探りたい。併せて経済のグローバル化が進展する中で、人材のスキルアップ・有効活用が焦眉の急となっている企業経営との関連性、共通点についてもみていきたい。

1．二刀流でのメジャー挑戦（大谷翔平）

近年の野球は、投打の分離に始まり、打撃専門の指名打者、先発―中継ぎ―抑えという投手の分業、代走・守備のスペシャリストというように、細分化・専門化されてきた。こうした流れ、つまり「投打は両立できない」という世界の常識に対し、真っ向からチャレンジするのが大谷翔平の投打二刀流である。投げて、打って、走るという野球が本来持つ魅力を再発見させた意義は、大きいものがある。以下では、大谷翔平の二刀流挑戦の心構え、心意気などについて詳しく見ていきたい。

(1) 考える力と行動力

大谷翔平の素晴らしさについて、日本ハム栗山監督はこう語っている。

「彼の素晴らしさは、何事も自分で考えることだ。監督やコーチの言葉であっても、自分自身の指針で物事をはかり、行動する」、「たぐいまれな体躯を持ち、野球の才能に恵まれた者は、往々にして自分は選ばれている、特別なのだ、と考える。ところが、翔平にはそれがない。むしろ、臆病なほどコンディションに気を遣い、身体を鍛え、リスクを避けようとする」。

このような自分らしい信念を持っている者は、強いと言える。自分の夢や目標に向かってぶれずに進んでいけるからだ。彼のぶれない姿勢は、小学校時代から続いている。ご両親が取ってあったノートには、「全力で走る、キャッチボールをする、元気に声を出す」とある。彼は毎日これを記入し、野球を始めたときから、全力で走ると決めている。そうした気持ちは高校でも、プロ入団後も続いている。二度とその意思を曲げることはない。そのように栗山監督は彼のぶれない姿勢、自分らしさを見ている。

高校生の時に書いたとされる「人生の目標シート」には、「人生が夢をつくるのではない。夢が人生をつくるのだ」と記されている。英国の哲学者ジェームズ・アレンの名言に「強く思うことは実現する」がある。大谷翔平には、これからも二刀流という大きな夢に向かって日々精進して欲しいものである。

花巻東高時代にチームメイトだった大澤永貴さんは、「たゆまぬ努力」と「たゆまぬ情熱」を持った大谷翔平について、こう語っている。

「翔平がいると、自然と「道」ができるんです。自分たちが進むべき「道」を見せてくれる。だから僕たちは前を向いて歩いていけた。・・彼と過ごした高校三年間は一生の宝物です」。

(2) 伸びる選手の資質

巨人監督の原辰徳氏は、伸びる選手の三つの資質について、こう語っている。

「一つは明るさ、二には素直さ、三には謙虚さの三つである」、「この三つを持ち合わせることで、人が人を呼び、人を支え、人に支えられるという理想的な循環ができる」。大谷翔平は、正に大きく成長していける三つの資質をすべて兼ね備えていると言える。

プロ野球の名選手には、いろいろなタイプが見られる。イチローのように修行僧の如く野球道を究めようとするタイプ、長嶋茂雄のようにファンが喜ぶプレーに邁進するパフォーマンス重視のタイプ、そのどちらでもないのが大谷翔平である。敢えて言えば、明るく開放的でマスコミ受けも良く、永遠の若大将と言われた原辰徳的なタイプではないかと思っている。

民間企業の社員にとっても同じく、明るさ、素直さ、謙虚さの三つの資質が兼ね合わさることで、大きく成長していけるチャンスが拡がるのではないだろうか。

日本ハム時代にバッテリーを組んだ捕手の大野翔太さんは、「翔平はどこにいてもアイツの空気の中で野球をやらせてしまう、そういう能力を持っている。相手チームだけでなくて味方もお客さんも球場中が翔平の空気に包まれてしまう」と述懐されている。

(3)「論語と算盤」を地でいく金銭感覚

大リーグのエンゼルスに入団した大谷翔平(当時23歳)はドラフト対象外の25歳未満の外国人枠としての扱いなどから、契約金額は231万5千ドル(約2億6千万円)に抑えられた。金銭を最優先にしなかった彼の姿勢について、エンゼルスより高額な移籍金額を提示しながら、交渉枠から外れたニューヨーク・ヤンキースのブライアン・キャッシュマンGMは、こう語っている。

「カネはいらないが、メジャーでプレーしたいという選手は初めてだ。こんな選手が出てくるとは思いもしなかった」。

こうした反響を呼んだ大谷翔平の金銭感覚は、正に「論語と算盤」の精神を地でいくものであった。できる限り多額の金額をかちとることが、プロスポーツの醍醐味とされてきた関係者にとり、大きな衝撃を与えた。このニュースを聞いた栗山監督は恐らく、彼の清廉かつ真摯な価値判断に対し「してやったり」とほくそ笑み、留飲を下げたことであろう。

二年後にメジャー入りを目指す方が金銭的に有利ではないかとの意見に対して、大谷翔平は「もしも二年待てば一生安泰ぐらいの金額をもらえる可能性はあるかもしれません。親のこととかを考えれば・・。もちろんお金はあったに越したことはないですし、いらないなんて気持ちはないですけど、ただ今の自分に、その金額が見合うかと言えば、ピンとこないので、それよりも今やりたいことを優先したい」と語っている。

「お金より、夢のため」という大谷の思いは、メジャー移籍を決めた際の松井秀喜の思いにも通ずるところがある。

日本ハム時代に栗山監督から「論語と算盤」を手渡された大谷翔平は、読後感を聞かれ、「んー、難しかったです」と。しかしその後、彼の目標チェックシートに「論語と算盤」を読むと書き込んだ。栗山監督は、大谷翔平が自分がバイブルとしている「論語と算盤」を持って米国に旅立ったことを、「掛け値なしで嬉しい」と語っている。

（4）夢を紡ぐ食事管理

国や文化の違いを乗り越えて頂上を目指す大谷翔平には、「メジャーリーグでも、自分の目指す野球、二刀流を実現し、熱狂を生み出して見せたい」という高い志・大きな夢がある。この目標を達成するためには、先ず体調の管理が不可欠である。

慣れない米国での食生活はどうしているのだろうか。週刊朝日の記事によると、日本ハム時代からの栄養管理士大前恵さんがサポートしている。大谷選手は、身長193センチ、体重95キロ。160キロを超える直球を生み出すパワーが必要で、摂るべきエネルギーは普通の人の1．5倍から2倍。一日の摂取カロリーは、約3、500－4、500キロカロリーにものぼる。

大前さんは、「大切なのは、体を作るタンパク質をいかに効率よく摂取するか」、「牛肉や豚肉はモモやヒレ、鶏肉はムネやササミなど脂質の少ない部位を300グラム食べれば、必要とされる60グラムのタンパク質がとれる。足りない分は、プロテインやサプリメントでも調整します」と。大前さんは2018年2月、米国アリゾナ州での春季キャンプにも帯同。100グラムずつのメニューを100食つくりおき、それらを三つ合わせれば、毎食必要なたんぱく質が取れるようキャンプ中の食事をサポートされた。

シーズンに入ってからは、球団から毎食食事が提供されている。朝は卵とソーセージ、主食はパンとライス、そしてフルーツやヨーグルトなどの乳製品、サラダなど。昼と夜は、主食、サラダ、フルーツ、ヨーグルトに加え、牛、豚、鶏肉が調理されたもの。

「大谷選手は疑問に思ったことがあればきちんと理解しようとする姿勢が強い。栄養に関しても同様で、食事に向き合う姿勢はあくまで「プレーに必要な身体の材料を入れるという感覚」、「どんなときでも、今の自分に必要な分だけとる。結果を出す人には理由があるということです」」。

食生活を心配された球団GMから、おにぎりやうどんなどの日本食の用意の申し入れがあったが、大谷は「望んで違う環境に飛び込んだのだから」と、特別待遇を丁重にお断りしたとのこと。彼の謙虚さと人柄が伺えるエピソードである。

将棋棋士の羽生善治さんは、日本人が世界を舞台に挑戦を続けられる秘訣について、「自分が疑問に思ったことは、どんなに小さな問題でも解決しようとする姿勢である」と語っている。ハインリッヒの法則にもある通り、たとえ小さな問題でも放置すれば大きな問題になり、深刻な事態に発展する恐れもある。大谷翔平の問題解決に向かっての前向きな姿勢がある限り、メジャーでの二刀流の挑戦は続くのではないかと期待している。

(5) メジャーでのプレーぶりの反響

文芸春秋誌によれば、メジャー入り後すぐに結果を出した大谷翔平について、イチローは「ただ信じられない」、「大谷のどっしりとした心構えが身体的、精神的、感情的な面で様々な局面で切り抜ける上での助けになる。僕は他の人々と同様に大谷がマウンド上、そして打席で素晴らしい結果を残していることにも衝撃を受けている」と語っている。

メジャー初登板後のインタビューでの発言では、「全体的に楽しめたかなと思っています。そっちの気持ちの方が緊張感を上回っていたんじゃないでしょうか。試合への入りから、最後までそういう気持ちだったのではないかと思います」と。イチローをはじめ先輩らはメジャーの高く厚い壁に向かって、厳しい表情で立ち向かい、結果を残してきた。それに対して、大谷は草野球でもするかのように楽しみながら高い壁を乗り越えていっているように見える。

エンゼルスのエプラーGMは、大谷が環境変化に柔軟に対応できる能力について、こう語っている。

「チームでの生活もそうだが、彼は自分が身を置く環境の中で、たとえそれが合わなくてもいつの間にか自分がやりやすい状態にもっていくことができる。メジャーにきて、最初は戸惑いもあっただろうし、言葉や食事、様々な不自由なことがあったと思う。でもいつの間にかチームに溶け込んで、自分自身がやりやすいように変わっていっている。それは天から授かった彼の才能、宝だと思う」。

苦難の野球道に耐えながら「50歳まで現役」を貫こうとしているイチローと、楽しみながら野球道に邁進する大谷翔平、対極に位置する両者の今後の活躍ぶりが見ものである。

(6) メジャー級の打撃術への期待

大谷翔平の打撃フォームを見て感心するのは、いつもフルスイングしていることだ。たとえ三塁側ががら空きになっても本塁打以外は狙わないというスタイルは、日本で言えばホームラン王の王貞治を思い出させる。9月末時点での三振数が100個と日本ハム時代より多い点について、大谷は「課題の一つとは思うが、格上の相手に対して、全部打ちにいくことはできない。取るところは取って、捨てるところは捨てないと、力が上の人に対してはなかなか勝てない」と語る。あくまで狙い球を絞って打ちにいく、外れたら三振でも仕方がないとの割り切りだ。

名投手だった江夏豊さんは、「同じ球をじっと待って、はずれたら一球も振らずに帰る打者のほうが、投手には怖いのだ」と述べている。今季、巨人の岡本和真が簡単に三振をする一方で、狙い球を絞り込み本塁打を量産するようになったのも頷けるものがある。エンゼルスのマイク・ソーシア監督が、「いろいろな球場で体験し、複数回対戦できた投手もいた」と語っているのも、来季の打者大谷への期待の大きさを物語るものであろう。

なお、19年にわたり指揮を執ったM・ソーシア監督は今季（2018年シーズン）で退任されたが、記者会見では「制限なしにやる野球は素晴らしいスポーツだ」と述べるとともに、「(二刀流については) 特別な才能が必要で、誰にでもできるとは思わない」、「翔平の可能性は無限大だ」と付け加えている。

(7) スパイクも二刀流

報道によると、日米の野球ファンを熱狂させている大谷旋風の足元を支えているのは、日本企業の技術と知恵である。大谷が履く球団カラーの赤色のスパイクは日本の時代と同じアシックス製、日本でプレーしていたときは投球と打撃で二種類のスパイクを使用していた。「履き替える手間や違和感をなくしたい」と考えた開発陣は投打両方で使えるスパイクの研究に着手、野球用で初めて化学素材「ポリウレタン樹脂」の開発に成功した。開発担当は「投球にも耐え、打撃でもスイングの動きに合わせて柔軟に曲がる正に二刀流のスパイク」と胸を張る。

日本の石庭をイメージした波打つ凹凸のデザインに、大谷は「米国でも日本の心を忘れません」と応えたという。大谷翔平が活躍している背景には、メーカーを始め多くの関係者の支援と協力がある。大谷もこうしたご縁を大切にしながら、これからも二刀流に磨きをかけていって欲しいものである。

(8) 未来は創るもの

「未来は予測するものではなく、創るもの」という言葉がある。メジャーでの投打二刀流はベーブ・ルース以来ということだが、百年に一人の逸材と言われる大谷翔平には、二刀流の現代版スタイルを確立して欲しいものである。

大谷翔平の二刀流という夢の実現に向かっていく姿勢を見ていると、備中松山藩を見事に再建した山田方谷の言葉が思い浮かぶ。「人は夢を持つことが肝要なり。されども実現せんとすれば、先ず自ら努力することを合わせ忘るべからず。唯、必ず我が夢は叶うと信じるのみ」。

大リーグ生活では調子の良いときばかりではあるまい。調子が下がりスランプ状態に陥ることもあろう。その際は、ぜひ初心に立ち返り、大谷流のリズム感をつかみ取り、原点に回帰して欲しいと思う。

電車の安全な運行を確保するためのマニュアルに、「指差喚呼（しさかんこ）」がある。電車の運転士などが安全や信号を確認するのに声を出すことである。声を出すことで、自分の行為が確かなものになる。大谷翔平も、自分流のルーティーンで毎日声を出して確認し、二刀流の完成を目指して欲しいものである。

メジャー入り後のオープン戦では投打ともに不振だったり、シーズン途中ではケガに苦しんだりするなど、壁にもぶつかった。しかし、野球が大好きな大谷にとって、苦しみ悩む過程も貴重な経験、宝物だったようだ。前に立ちはだかった壁を一つひとつ乗り越えることで、未来に向かって新しい境地が切り拓かれる、そんな体験を楽しんでいるようにみえるのが頼もしい。

大谷翔平はオープン戦での投打不振で悩んだ際、開幕直前に相談したイチローからの「自分の才能とか、ポテンシャルをもっと信じたほうがいいよ」との助言が、「変わるきっかけになった」とＮＨＫスペシャルで語っていた。さすがにレジェンド・イチローの言葉には重みがあるが、その言葉で覚醒した大谷翔平も見事である。

１９９４年生まれの大谷翔平にとって、「ロールモデル（手本）」となっているのは、世界を舞台に活躍しているフィギュアスケートの羽生結弦である。トップアスリートとして、既に自身の夢を実現している同世代の羽生結弦を「ロールモデル（手本）」にして、大谷翔平も大リーグでの投打二刀流への挑戦、未知の領域の開拓に邁進して欲しいものである。

（9）怪我を克服し更なる進化を

大谷翔平の二刀流チャレンジの最大の障害は、怪我である。ヤンキースの松井秀喜も外野守備で負傷し、最終的には引退を余儀なくされた経緯がある。

２０１８年６月に入り大谷が右ひじの内側側副靱帯の損傷で故障者リスト入りしたことは大変残念であったが、７月には打者として復帰できた。さらに９月に入ると、投手として登板したが、三回途中での降板を余儀なくされた。

大谷は、レギュラーシーズン終了後の１０月初めに右ひじの再建手術（トミー・ジョン手術）を受けた。投手としては通常、リハビリに一年以上を要するため、二刀流の復活は２０２０年以降になる見込みである。ただ打者としては、２０１９年から出場できる可能性があるので、活躍を期待したい。

英国元首相のベンジャミン・ディズレーリの言葉に、「如何なる教育も逆境から学べるものには敵（かな）わない」がある。怪我という逆境を糧にして、さらに大きく成長して欲しいものである。

大谷の今季（２０１８年シーズン）の成績は、打者としては本塁打２２本、打率２割８分５厘、６１打点、１０盗塁と立派な成績を残し、エンゼルスの中でも端倪（たんげい）すべからざる長距離砲としての地位を築き上げた。ただ投手としては、怪我の影響もあり４勝２敗、防御率３．３１にとどまった。メジャー最終戦後のインタビューでは、「長かったですけど、無事に終わって良かった。毎日楽しかった。来年に向けてレベルアップできるように、また成長できるように頑張りたい」と振り返った。

今季の投打二刀流での実績が高く評価され、ア・リーグの最優秀新人（新人王）に選ばれた。日本人選手としては、野茂英雄、佐々木主浩、イチロー以来で、四人目の快挙である。ニューヨーク・タイムズ紙では、大リーグで５０イニング以上を投げて２０本塁打以上を記録したのは、１９１９年のベーブ・ルース以来と伝え、「二刀流でスター（ＴＷＯ－ＷＡＹ　ＳＴＡＲ）になれると証明した」とし､米国でも本格的な二刀流の登場、挑戦を衝撃と共感で受け止めている。

新人王の先輩でメジャーを代表する選手で同僚のマイク・トラウトは、「彼のハードワークと努力に与えられた賞」とのコメントを寄せている。そのほか多くの関係者から、天性の素質を最大限に活かす努力をし、変化に対応する高い修正能力、適応力を発揮している大谷に対し、賛辞が贈られているのは頼もしい限りである。

ＮＨＫスペシャルの放送では、打者に専念する来季に向け、「すべてのレベルを上げたい。打者として結果を残しながら、素晴らしい投手を見ながら、投手としてプラスになることをたくさん吸収したい。さらに進化してマウンドに帰りたい」と抱負を語っている。怪我の手術で少し寄り道を余儀なくされるが、臥薪嘗胆、来期以降に向けて体調を整え、より進化した形で二刀流の冴えをみせて欲しいものである。

米国マイナーリーグで打撃指導をしているヤンキースＧＭ特別アドバイザーの松井秀喜さんもＮＨＫのインタビューで、大谷翔平の活躍について「素晴らしい」と述べた後、「日本のファンと同様に「肘」が治って、二刀流が復活することを楽しみにしている」とエールを送っている。大谷翔平には野球の発祥の地である米国で、ベースボールの新たなる可能性を切り拓いて欲しいものである。

投打二刀流に批判的だった野村克也氏も大谷のメジャーでの活躍ぶりを見て考え直し、手紙形式で「大谷、神の子、不思議の子」と述べた後、「プロ野球新時代を君たちの力で築いて欲しい」と、未知の世界を行く大谷へエールを送っている。

⑽ 若い世代のチャレンジ精神に期待

企業社会で働く若手社会人にとっても、大谷翔平のような大きな目標ではなくとも、最初に立てた志や夢に向かって日々精進し、社会に貢献していくことが求められているのではないだろうか。

「二兎を追うものは一兎も得ず」の故事はあるものの、人口の大幅な減少が予想される今日、若人には大谷流にならい、高い目標、大きな夢を追いかけて欲しいものである。「志を立ててこそ、人は大成する」ことを意味する論語の言葉に「道に志し、徳により、仁により、芸に遊ぶ」がある。大谷翔平の場合は、楽しみながら投打二刀流を究めていくことがこの精神に合致するのだろう。

大手玩具メーカーのバンダイが小中学生に人気のスポーツ選手を調査（2018年8月実査）したところ、大谷翔平選手が好きなスポーツ選手の第一位に輝いた。米国のメジャーリーグで活躍している姿を子供らも注目し、憧れの存在になっていることが伺われる。

大谷翔平が一時帰国中の2018年12月には、日本プロスポーツ大賞を受賞されたが、日本との一番の違いについては、「技術」であるとし、「変化しないとついていけない部分が多かった」と振り返る。課題が山積しているほど、闘志を燃やし成長していくタイプなので、これからが楽しみである。若い世代には、こうした不屈のチャレンジ精神の発揮が求められているのだと思う。

少子高齢化、経済のグローバル化の進展に伴い、日本経済社会の活力は以前に比べ低下してきているように見受けられる。ただこうした中で、農林業の再生に取り組む若手女子や地域間連携の動き、モノづくり、サービスの新たな付加価値創造に取り組む若手世代が登場してきているのは心強い。

一次産業から三次産業にわたり若手世代によるチャレンジ精神・夢への挑戦で横溢され、各分野で第二、第三の大谷翔平が生まれ、新たな領域の開拓が進むことを期待したい。天然資源小国ではあるが、日本が誇る素晴らしい人材力の活用で、新たな再生・発展モデルを創り出したいものである。

2．大リーグ夢への挑戦（松井秀喜）

(1) メジャーへの挑戦

大リーグでのプレーという夢を果たした先駆者には、野茂英雄、イチロー、松井秀喜などがいるが、ここでは松井秀喜に焦点を合わせてみたい。

２００２年にフリーエージェント（ＦＡ）権を取得した松井秀喜は、どこの球団とも交渉できる資格を持った。その際は、巨人に残り王さんの持つ年間５５本の本塁打に挑戦し、三冠王を目指すか、少年時代からの夢であった大リーグでのプレーのどちらを優先するかで迷ったようだ。最終的には、自分の心に正直になろうと決心して、大リーグを選択された。

決断後に師匠として尊敬している長嶋茂雄氏に報告されたが、長嶋さんからは「もう決めたことなのか。考え直す気はないのか」と聞かれ、「もう決めました」と答えると、「よし、分かった。行くなら頑張ってこい」と激励された。

大リーグ入りのタイミングについて、松井秀喜はこう語る。

「夢に挑戦するタイミングは難しいものです。僕がプロ入りする際に大リーグへ行こうとしていたら、それは「挑戦」というより「無謀」でしょう。日本で実力をつけ、また自由に移籍できるFA権を取得したタイミングで踏み切りました。これ以外のタイミングはなかったと思います」。

大リーグ入りを後悔していないのかという点については、「夢を胸に秘めている人はたくさんいるでしょう。でも、その夢を実現するためには、準備をきちんとし、踏み切るのはここしかないというタイミングが重要だと思います。勇気を持って、しかも無謀ではないタイミングを計って、です。僕はそうして大リーグにきて、本当に良かったと思っています。まったく後悔していません」と胸を張った。

松井秀喜は現在、ヤンキースのGM特別補佐（アドバイザー）として活躍中であるが、これは指導者、指揮官としての修行を兼ねたものと捉えられている。日米での経験を踏まえ、将来は巨人軍の監督就任を含め、日本のプロ野球界の発展に貢献してもらいたいものである。

(2) 逆境を乗り越える

大リーグの名門ヤンキースに入団した松井秀喜は2003年シーズンから活躍したが、2006年5月ヤンキースタジアムでのレッドソックス戦で、スライディングキャッチを試みた際に、左手首を骨折してしまった。

手術後のファンに向けてのコメントは、「怪我をしたことについては残念だし、チームメイトに迷惑を掛けて申し訳ない。また元気にグラウンドに立てるように頑張っていきます。連続試合出場に向けて、毎試合起用していただいたことに関しては、トーリー監督に感謝しています」。現地の記者団からは、「チームのために試合で戦って、アウトにしようと思ってスライディングキャッチして骨折した。チームから感謝されても、マツイが謝る必要はない」と言われた。

松井秀喜としては骨折をしたことで連続試合出場は1、768試合で途切れ、残念な気持ちがあったが、それ以上にこれまで配慮していただいたトーリー監督への感謝の念が強かったということであろう。

骨折直後はショックでクヨクヨしていたそうだが、そんな弱気を打ち払ったのは、長嶋茂雄氏からの電話だった。長嶋さん独特の熱い口調で、「松井、これから大変だけどな。リハビリは嘘をつかないぞ。頑張るんだぞ。いいな、松井」と語りかけた。

長嶋茂雄氏も2004年に脳梗塞になり、その後厳しいリハビリに耐えて快復しつつあっただけに、「リハビリは嘘をつかないぞ」という言葉には重いものがあった。松井秀喜は説得力のあるこの言葉で奮い立ったそうである。

厳しいリハビリ期間は四か月にも及んだが、骨折してから125日。9月12日にヤンキースタジアムに戻り、観客からスタンディングオベーションの歓迎を受けた。当日は守備につかない指名打者でスタメン出場し、四安打を放ってチームの勝利に貢献した。

このとき松井秀喜は、「野球選手になってよかった。大リーグに来てよかった」と、スタジアムの大歓声を受けながら、何度もその感慨を深くした。

(3) 未来に挑む

巨人軍関係者の強い引き留めにも拘らず、長年にわたり夢を抱いていたアメリカの大リーグに挑戦した松井秀喜は、「僕はコントロールできない過去よりも、変えていける未来にかけます」と、夢への挑戦を最後まで諦めなかったのは立派である。

松井秀喜の心中には、「野球とは最終的にチームの勝利を目指すことに価値がある競技である」、「そのために選手は、一つの駒となり、チームオーダーに応えるために献身して結果を出さなければならない」との思い、固い信念がある。自分自身の記録よりも、チームプレー、フォア・ザ・チームを優先する姿勢は最後まで変わらなかった。

ただ、このような高い志、思いでグラウンドに立っても、怪我や年齢からくる衰えには勝つことはできない。２０１２年１２月の現役引退記者会見では、「命がけのプレーができなくなった」ことが、ユニフォームを脱ぐ決断に至った理由であることを淡々と語っておられたのが、印象的だった。

最後に、メジャー四年目に左手首骨折という野球人生で最大の危機に陥った際の言葉は素晴らしい名言なので、特記しておきたい。「僕は、生きる力とは、成功を続ける力ではなく、失敗や困難を乗り越える力だと考えます」。

この言葉は、野球の世界だけに当てはまるものではあるまい。仕事や人生においても同じである。たとえ失敗したり困難に遭遇しても諦めずに乗り越えていくだけの力を持つこと、それこそが大事なのである。逆境というマイナスをプラスに切り替える松井秀喜の未来思考の心構えには、勇気づけられるものがある。

３．努力は裏切らない

⑴ 継続は力なり

野村克也氏は、「努力に即効性はない。でも努力は裏切らない」と述べた後、「努力したからと言ってすぐに結果に結びつくわけでないし、努力しているときは結果につながるかどうかさえわからない。苦しいし、不安に悩まされる」、「けれども、努力は裏切らない。いつかは必ず実を結ぶ。実を結ばないのは、努力即好結果と期待するからであろう」と。

王貞治氏は、努力についてこう語っている。

「努力しても報われないことがあるだろうか。たとえ結果に結びつかなくても、努力したということが必ずや生きてくるのではないだろうか。それでも報われないとしたら、それはまだ、努力とは言えないのではないだろうか」。

守備と犠牲バントがプロ野球の世界で生きていくための最高の手段と考えていたのが、元巨人内野手川相昌弘さんである。川相さんはこれらの技術を不断の練習により身につけたとして、こう語る。

「365日野球をやります。冬だからといって、特別なメニューは考えませんが、バントをやれるだけやり、ダッシュもやります。ボールを握らない日がないように、それこそ全部シーズン中と同じです。シーズンオフだと人の邪魔になりませんから、朝から晩まで野球をやるだけです」。

何とも凄まじい練習量である。プロ選手としては、体が小さくパワーもない彼にとっては、守りのスペッシャリストとして生きるよりほかはないと考え、猛練習に明け暮れたのである。

雑誌記者に「どうしてあれだけ熱心に練習されるのか」と聞かれたイチローは、「その理由は簡単です。いいときの状態ってすぐに体が忘れるじゃないですか。それを忘れないように毎日やるのであって、それ以外の何物でもありません。「継続は力なり」なんですと。つまりやり続けることを習慣化すると、今度はやめることが苦痛になる。小さなことをコツコツとやる中で快感が生まれる。努力を快感にすることで、大きな成果を生み出すことができるということなのだろう。

(2) 目的意識を持たない練習は稔りなし

1998年に横浜ベイスターズを日本一に導いた権藤博監督は、「困ったことに、弱い選手ほど練習したがるのです。精一杯やってないと何か言われるんじゃないかと不安なのでしょうね。だから、ウチの選手には一切、そういう余計なことは考えてくれるなと言いたい。今の球界を見てください。サボる勇気を持っているヤツの方が大物になっていますよ」と。これは、自軍の選手を評して語った言葉だが、こうした現象は野球界に特有な現象ではあるまい。サービス残業が日常化している日本の企業社会でも同様なことが言えそうだ。

元中日の主力打者だった山崎武司さんは日本経済新聞紙上で、「練習もウソをつく」と、こう語る。

「長時間の練習も、何も考えていなければ、無駄に体力を消耗するだけ。若いうちはがむしゃらに体を鍛えることも大切だろう。ただ、「考える」という重要性にも気がついて欲しい。気づくのが早いければ早いほど、レギュラーに近づくことができるし、息の長い選手になることができるのだから」。練習の目的を明確にしたうえで、努力を積み重ねることの重要性を訴えたものであり、示唆に富むものである。

ラグビー日本代表のヘッドコーチを務めたエディー・ジョーンズさんが、「日本はたくさん練習するが、その時間をいかにしのぐかしか考えていないから身につかない」と述べていたのも、マンネリ化した練習・努力では進歩は期待できないということなのだろう。

野村克也語録の中に、「恵まれ過ぎることは、恵まれないことより劣る」がある。今の選手は練習施設でも恵まれた環境にあるが、それが逆に選手の向上を妨げているようだ。現代はピッチングマシーンを相手に打撃練習をする機会に恵まれているが、「ただ打ちまくっているだけで、目的意識を持っていない」と。この一球、この一振りにどのような意味があるのかを考える能力が欠けていれば、どんなに練習に励んでも効果は乏しいということである。

(3) 天才打者の隠れた努力

東京六大学野球でホームランの新記録をつくるなど大活躍した長嶋茂雄は、大きな期待を背負って巨人に入団した。ところが、昭和33年4月の開幕第一戦では、国鉄のエース金田正一投手に対し、4打数4三振という不名誉な結果に終わった。しかしながら、そこから一念発起し、バッティングピッチャーに数メートル手前から投げさせたり、同僚選手が寝ている宿泊先の大部屋で夜中にガバッと起き出し素振りを何百回となく繰り返すなど、鍛錬を重ねた。その結果、三か月後の7月には金田投手から本塁打を打つことに成功し、苦手意識を払しょくされた。

長嶋茂雄は後年、「人さまには天性のラッキーボーイのように思われているかもしれないけれど、僕のスタートはいつも逆境だった。逆境からのスタートが宿命のようだ。失敗があるからこそ、失敗をバネに必死にくらいついていけるのだ」と語っている。宿敵金田投手との七年間の対戦成績は、211打数66安打、打率3割1分3厘、18本塁打、三振31個というから、結果を見れば見事に打ち勝っている。

ホームラン王の王貞治の一本足打法の生みの親は、バッティングコーチの荒川博さんである。当初は、相手投手から変則打法の弱点をつかれ、全く打てない状態が続いた。そこで、相手のタイミングを外そうとする投法に対して、合気道や居合といった武道の練習術を取り入れ、部屋の中で畳が擦り切れるほど練習を重ね、間を待てる身体と集中力を身につけた。そこから、756本の本塁打が生まれ、世界のホームラン王という偉業を達成した。プロ選手の中でも天才打者と言われた人たちは、練習や努力でも並外れた質量をこなされている。

この意味では明確な目的意識を持った厳しい練習、努力は裏切らない、必ずや成果につながるということなのだろう。

4．「初心忘るべからず」

国語辞典でこの言葉の意味を調べてみると、「世阿弥の「花境」にある言葉。学び始めたころの、謙虚で緊張した気持ちを失うな、の意。また、最初の志を忘れてはならないの意にもいう」とされている。

イチローは、「初心」について、こう語っている。

「初心を忘れないことというのは大事ですが、初心でプレーしてはいけないのです。成長した自分がそこにいて、その気持ちでプレーしなくてはいけません」。

世阿弥のこの言葉は、「最初の志」に限られていない。人生には、三つの初心がある。若いときの初心、人生の時々の初心、そして老後の初心、それらを忘れてはならないとの含意である。

つまり、人生には三つのステージごとの「初心」がある。

第一に、「是非（ぜひ）の初心忘るべからず」。若いころに身につけた芸は、常に忘れてはならない。それは、その後の成功の糧となる。

第二に、「時々（ときどき）の初心忘るべからず」。若いころから老年に至るまで、その時々に応じた演技をすることが大切である。

第三に、「老後の初心忘るべからず」。歳をとり老境に入ってから、遭遇する試練にもフレッシュな気持ちで対応することが大事である。

何歳になっても「初心」に立ち返り、新鮮な気持ちで物事に対応していくことの大切さを示唆している。前述したイチローの言葉には、こうした人生節々での「初心」の取り組み方について、言及しているのだろう。

「初心に立ち返る」ことは、「基本を大切に」という精神と重なる。

名選手に野球では何が大切ですかと尋ねると、「基本はキャッチボールです」との答えが返ってくる。キャッチボールでは、相手の取りやすいところに球を投げることが大事である。野球のような集団競技では、チームプレーが大切であるが、チームプレーの真髄は相手への思いやり、キャッチボールの精神にある。

5.「江夏の21球」を巡る物語

(1)「江夏の21球」とは

「江夏の21球」は、プロ野球史に残る名場面である。九回裏に江夏が投げた球数が21球だったことから、「江夏の21球」と呼ばれるようになった。この名場面を有名にしたのは、作家山際淳司の功績である。

昭和54年(1979年)の日本シリーズは、西本幸雄監督率いる近鉄と古葉竹識監督の広島カープとの対戦となったが、勝負は最終の第七戦までもつれた。試合は9回表まで広島カープが4対3で近鉄をリードし、「江夏の21球」と言われた9回裏に入る。しかし、江夏豊投手はこの回ピンチをつくり、無死満塁の絶体絶命の危機に陥る。ここで江夏は開き直る。「じたばたしても始まらん。ホームランでもいい。打つなら打ってみよ」と。先ず、最初に首位打者になったこともある佐々木恭介を三振にとる。次の打者石破茂の二球目に、スクイズのサインで三塁ランナーがホームに走る。その瞬間、江夏は打者の動きを察知して、カーブの握りのままで高めにウェストし、石破は空振り、三塁ランナーはタッチアウト。その後、石破を三振に抑え、ゲームセット。広島カープは、悲願の初の日本シリーズ制覇を果たした。専門家によると、投手がピッチング動作に移った以降に、瞬時に打者のバットが届かないボールゾーンに投げ込むのは不可能に近いという。古葉さんも、「カーブで外しているのですが、江夏だからできたのであり、他の投手では無理でしょう」と。阪神時代にバッテリーを組んだことのある辻恭彦さんは、「本人(江夏)はいつも言いよったよ。ボールを長く持てるので、リリース寸前までバッターの動きが見える。バッターがどこにヤマを張っているかすべてお見通しや」と証言している。いいピッチャーは下心身の粘りとバランスの良さからボールを長くもつことができるので、打者にとっては球種やコースの読みが困難になるのだろう。

(2) 江夏を支えたチームプレー・自作自演のドラマ

無死満塁という絶体絶命のピンチにも古葉監督はマウンドには行かなかったが、延長戦になった場合のことを考え、控えの投手にブルペンで投球練習するよう指示している。ただ、ベンチの意図を知らされていない江夏は、控えの北別府学、池谷公二郎の両投手が投球のウォームアップを始めるのを見て、「監督はオレを信用していないのではないか」と疑心暗鬼に陥いる。このとき、江夏の動揺、心の揺れを感じとった一塁手の衣笠祥雄はマウンドに駆け寄り、「俺もお前と同じ気持ちだ。ベンチのことは気にするな。お前がやめるなら、オレもユニフォームを脱ぐ」と、ささやいた。「選手生命をお前に預ける」との衣笠の言葉の重みを感じ取った江夏は気持ちをサッと切り替え、「よし、それでは思い切ってやってみよう」と開き直り、大きなピンチを脱することができた。江夏は後年この場面を回想して、「18年間で829試合に登板しているが、私のプロ生活の中であの場面ほど、苦しいことはなかった。もう二度と体験したくないというのが本音でしたね」と語っている。

正に盟友である衣笠の捨て身の助言がなければ、「江夏の21球」という伝説、ドラマも生まれなかった。2018年4月、衣笠祥雄氏の訃報に接した江夏は、スポーツ紙記者に対し「一口ではなかなか言いづらいけど、言えることは、いいヤツを友人に持ったということ。本当にオレの宝物」と沈痛な面持ちで故人をしのばれていたとのことである。

このとき、江夏の女房役の捕手をつとめたのは、水沼四郎である。水沼は後年、「江夏はワシのサインに一度も首を振らなかった」と、語っている。スクイズ外しの場面では、水沼捕手も三塁ランナーの動きを察知して、立ち上がってウェストボールの標的を容易に作り出した。投手と捕手との見事な連携プレー、絶妙なコンビネーションが実を結んだのである。その意味では、「江夏の21球」は、見事な配球サインをおくり任務を果たした「捕手水沼の21球」とも言えるのかもしれない。

このように、このドラマの主役は江夏であるにしろ、衣笠祥雄、水沼四郎という名脇役がおり、主役・脇役間でのチームプレーができたからこそ、完成されたドラマということもできよう。もっとも9回裏無死満塁という大ピンチを招いたのは江夏自身である以上、「自作自演のドラマ」と言えるのかもしれない。

（3）もう一つの物語―「野球の神様」の願い

9回裏の無死満塁で迎えた打者佐々木に対して、3球目に投じた球は、真ん中から低めに沈むフォークボール。佐々木はこれを強振して三塁手の頭上を襲うライナー性の打球を打ったが、打球はわずかにライン上をそれてファウルと判定された。江夏は「あのコースを引っ張ってもファウル、絶対にヒットにならないのだ」と語っている。

ただ問題は、打球がフェアゾーンで三塁手のグラブに触れたかどうかである。後年、疑問を抱いていた佐々木が三塁手だった三村敏之に問いただしたところ、「黙して語らず」と軽く受け流されたという。仮にグラブに触れていたら、近鉄の走者二人がホームインし近鉄の逆転勝ちとなり、「江夏の21球」は未完のはずだっただけに、微妙なプレーだったのは間違いない。

この点について当時、広島カープの監督だった古葉さんとの対談の際に尋ねたところ、「三塁手の三村の背が低かったのが幸いした。仮に背の高い三塁手だとグラブに触れていたかもしれない」と述べていた。ビデオによる判定が無理な今となっては、古葉さんの説明が一番的を射ているのではないかと思われる。

公平を期す意味で、逆の見方も記しておく。スポーツジャーナリストの二宮清純氏は、著書の中で関係者の証言から判断して、打球がサード三村の頭上を越えた際、グラブをかすめていたのではないか。とすれば近鉄が劇的な逆転サヨナラで日本一を達成したことになるとの見方を提示している。ただ最後には、「時計の針を逆回転することはできない。佐々木の打球がファウルと判定されてから、江夏は七球投げているが、より研ぎ澄まされた最善手の連続だ。野球、ピッチングとはなんと奥深く、奥行きのあるものなのか。それを目撃することができた喜びを思えば、あそこで幕は降りなくて良かったのだ」と締めくくっている。やはり「野球の神様」も江夏の２１球のドラマの完結を望んでおられたのではなかろうか。

6. 盗塁の極意

ランナーを得点圏に進めるにはバントが手堅い作戦と言えるが、これはアウトを一つ増やしてしまい、相手を利することにもなりかねない。その点、盗塁は成功すれば、労せずして得点圏にランナーを進められる。

走るスペシャリストと言われた巨人の鈴木尚広選手は、代走の可能性が高い場面になると、ベンチ内でストレッチ、イメージトレーニングを入念に行い、極限まで集中力を高めていた。代走コールのアナウンスがされると、球場内に歓声が沸き上がり、一流の技を持つ選手のオーラが感じられた。原辰徳監督からの「おまえの足に期待している。しっかりやってくれ」の言葉で、「本当の意味でプロ人生のスタートが切れたと思う」と語っている。

「監督から見てもらえている、信じてもらえているという喜び」がレギュラーをつかみ取る原動力になった。

12年連続の二ケタ盗塁で通算226盗塁を記録、そのうち132盗塁を代走で記録。一度も規定打席に到達したことのない選手として史上初めての200盗塁への到達は立派である。試合終盤に代走として出場、神がかり的な走塁で何度もチームの勝利に貢献したことから、「神の足」などと称された。

盗塁という行為を捕手側からみたらどうだろうか。高い盗塁阻止率を誇った元ヤクルトの古田捕手は、「阻止率より、盗塁企画数そのものが減って、誰も走ってこなくなるのが理想だ」と語る。名捕手と言われても、盗塁阻止は投手と捕手とのボールのやり取りに依存する以上、完璧はあり得ない。相手が自ら諦めてくれれば、それに越したことはないのだろう。

「芸は身を助く」とよく言われるが、野村監督はこう語る。

「一芸は道に通じるというが、一つのことを極めた選手は、やはり他の分野でもやがて頭角を表すものなのかもしれない。効率よく技術を習得する法則を知っているし、自分に自信があるから他の技術を磨く余裕も生まれてくる」。

プロ選手である以上、「一芸に秀でる」ことは選手生命を持続させるうえでも不可欠な資質である。この点は、社会人でも同じことが言えるのだろう。

7．主役を支える脇役の技と力

プロ野球は弱肉強食であると同時に、適者生存の世界でもある。ライバルとレギュラーを競い勝ち残る主役がいる一方で、自分にふさわしい居場所を確保し、そこで生き残る脇役もいる。例えば、代打、代走、守備固め、リリーフ投手などである。

(1) 一流の脇役

野村監督から「一流の脇役を目指せ」と言われたヤクルトの宮本慎也さんは、脇役の仕事についてこう語る。

「脇役の仕事というのは、チームの勝利のために自己犠牲に徹することです。送りバント以外にも、たくさんの種類の仕事があります」、「打ちたいという野球選手の本能を抑えなければいけないときがあります」、「例えば、前の打者が初球を打ってアウトになります。次の打者が初球を打てば、たったの二球で2アウトです。これでは相手のバッテリーを楽にしてしまいます。・・・他にも相手ピッチャーに球数を投げさせるためや、ベンチがスクイズのサインを出して動きたいときなど、打てそうな球がきても我慢しなければいけないときがあります」、「打たないで待つだけでありません。最低でも進塁打という場面では、進塁打になりやすい右方向を狙います。このような場面で、相手バッテリーは、当然右方向に打ちにくいコースや球種を投げてきます。左方向を狙えば、楽に打てそうな球でも右方向に狙うか、右方向に狙い易い球がくるまで待ったりもします」。

宮本元内野手は、通算19年の選手生活で、打率2割8分2厘、408犠打、111盗塁という好成績を残した。守備力も優れており、ベストナイン1回、ゴールデングラブ賞10回という受賞歴は立派である。現在はヤクルトの小川監督の下でヘッドコーチとして活躍しており、将来の監督候補と見られている。

(2) 脇役力を磨く

メジャーリーグに移籍した田口壮さんは、結果が出ているのにマイナー落ち、調子がいいのに使ってもらえない。そんな残酷な経験を通じてたどりついたのが、「脇役力」の強化である。自分は主役ではないが、「使いやすい」選手になれば、欠かせない戦力として信頼が得られると確信した彼は、こう語る。

「主役がいなければ脇役は輝けません。ということは、脇役がいるからこそ、主役も輝けるはずです。僕の仕事である野球も、サラリーマンやOLの方々でいうところの会社組織も、主役と脇役の歯車がかみあってはじめて、誇らしい結果が残せるのかもしれませんね」。

アメリカ・メジャーリーグのカージナルスと契約。以後8年間で3球団を渡り歩き、3度のワールドシリーズ進出、2度のチャンピオンリング獲得を経験した田口選手は、シーズン得点圏打率（2005年）、代打率（2007年）でリーグトップになるなどの記録を残した。

屈辱のマイナー生活を「諦めない、逃げない」という精神力で耐え抜き、メジャー復帰を果たした田口選手の、「脇を締めて歯を食いしばり、ときには己を捨て、何よりもチームの勝利を目指した」脇役力の発揮は、賞賛に値する見事なものである。

(3) 主役を陰で支えた脇役

主役を支えた脇役と言えば、バットづくりに半生をささげたプロバットマイスターの久保田五十一氏を忘れてはなるまい。彼はイチローや松井秀喜を陰で支えたバットづくりの名工である。半世紀に削ったバットは数十万本に及ぶという。イチローの日米通算4千本安打も、松井秀喜のワールドシリーズMVPも、久保田さんのバットを通じての偉業であった。

「駕籠（カゴ）に乗る人　担ぐ人　そのまた草鞋（ワラジ）を作る人」という諺があるが、人が担う分野に貴賤はない。それぞれの分野でベストを尽くすことで、最良の結果が生み出される。

山本周五郎は「さぶ」の中で、こうつぶやいている。

「世の中には生まれつき一流になるような能を備えた者がたくさんいるよ、けれどもねえ、そういう生まれつきの能を持っている人間でも、自分ひとりだけじゃなんにもできやしない、能のある一人の人間が、その能を活かすためには、能のない幾十人という人間が、眼に見えない力をかしているのだよ」。

この点は、企業経営でも同じことが言えるのではなかろうか。とりわけ、安全・保安という部門は、生産部門や営業部門に比べると、縁の下の力持ちで地味な部署ではある。しかし、安全・保安の確保が企業活動のベースである以上、こうした陰の立役者には経営トップ自らが常に気を配ることでこそ、社内に連帯感が生まれ、結束力が高まるのではないだろうか。

8．送りバント（犠牲バント）の極意

一塁ランナーを確実に得点圏に進める手段としては、一番手堅いのがバントである。バント名人と言われた元巨人の川相昌弘さんは、確実に成功させることが求められる送りバントを、毎回危なげなく決めてきた。特に、投手、一塁手間に球の勢いを殺して転がす技術は、絶妙だった。川相さんは、通算犠打数533個、バントの成功率は9割を超え、ゴールデングラブ賞(6回)にも輝いている。その川相さんは、送りバントのコツについて、

「先ず割り切りが大事」、「ここに転がすと決めたら、どんな球がきてもそこに転がすという気持ちの整理が重要だ」、「技術面では、目とバットの距離を変えないようにする」、「手先ではなく、膝でバットをボールに合わせて、目とバットの距離を一定に保つことが大切なポイント」と語ったうえで、「闇雲に打球の威力を殺すよりも、打球の方向性を先に決める方が成功の可能性が高い」と語っている。

同僚の内野手仁志敏久さんは、川相さんのバントする姿について、こう語っている。「川相さんがバントする姿やボールの捉え方は非常に独特です。顔とバットがそれほど接近せず、むしろボールがバットに吸い込まれるように捉える。手堅い形というよりも、むしろ感覚的なものが優先してバットをコントロールしているふうに見えました」。練習での試行錯誤を繰り返す中で、川相さんは「失敗して後悔するなら、顔にボールがぶつかってもいいや」と考えるようになった。「バントというのはそれくらいボールをよく見て、顔がボールの高さにあるというくらいの姿勢にならなければ、失敗する確率が高くなります」、「ノーアウト一、二塁のバントなど緊迫した場面でのバントの成功こそ、「見えないファインプレー」だと思います」と、胸を張る

言葉で説明されると簡単なように思われるが、極度に緊張した場面で一発でバントを決めるには、練習に基づく自信と技量がないと無理である。

高校野球でもプロ野球でも、犠牲バントの重要性は変わらない。それがその後の試合の

流れを大きく変える可能性がありうるからだ。

9．プロフェッショナルとは何か

（1）プロに必要な要素

スポーツの世界でプロフェッショナルとは、何を意味するのだろうか。この点について、野村克也氏は、日本経済新聞紙上でこう語っている。

「体で覚えるとスポーツではよく言いますが、プロではそれを信じている人は駄目ですね。体力、能力は並み以上の人がプロに入ってくる。そこから抜きんでるには、頭を使うのです。ある限界を超えた人が本当のプロの世界をつくっているのです」、「それには先ず変化を見る目が絶対に必要だ。状況だけでなく自分自身、それに相手の変化をつかむ目です。そしてそれに対応できる力。もう一つは常に先を考えること。この三つがプロの世界で生き残っていく人の基本的な要素ですね」と、プロに必要な三つの要素を簡潔に整理している。

さらに「プロとは、当たり前のことを当たり前にする者である。では、当たり前とは何か。原理原則である。野球界のみならず、どんな世界においても、原理原則が仕事をする上での礎となる。原理原則とは、言い換えれば偉大なる常識であり、これをきちんとおさえておけば、どんな出来事に遭遇しても振り回されることなく、常に平静でいられる」。

川上哲治氏は、「プロ選手とは何か」について、「臨機応変に監督の指示に従い、バントもやれる、走塁も、状況に応じてスライディング（滑り込み）もできる、でなければ、プロではないというのが根っこにある前提条件なのだ。その根本を取り違えた批判がよくある。監督たるもの、そのへんで心を惑わすことのないようにしなければならない。突き詰めて言えば、打者は投手に勝つ、投手は打者に勝つのが本義である。それがチームに貢献する輪へと広がっていく。自分が勝つためにはどうすればいいのか。完全なプロが不完全なプロより強いのは明らかだ。完全というものが望めないとしても、それに向かって努力するのがプロとしての務めである」と、プロとしての心構えを説いている。

(2)「技は磨くと術になり、最後は芸になる」

長嶋茂雄の「プロとは論」は、面白い。「プロとは表現力であり、「いかにエレガント、いかにダイナミックにお見せするか」であり、「お遊び心」のできることである。もちろん、正々堂々、きれいに戦うことが前提にある、が」と。

それに対し、作家の城山三郎はこう反論している。「だが、そのことと、勝つことと矛盾しないであろうか。きれいに戦っても負けるより、汚く戦っても勝つことが、プロではないのか」。

城山氏の主張は、「プロは勝って和す」、「プロは儲けてなんぼの世界」という論理からすれば、正論である。ただ、プロ野球にエンターテイメント性を希求するものとしては、長嶋茂雄の「プロとは論」に軍配をあげたいと思うが、果たして読者はどう判断されるだろうか。

プロの指南役の言葉に、「技は磨くと術になり、最後は芸になる」がある。プロは自分の匠の技を日々磨き、芸と言われる領域にまで昇華させることが求められているのだろう。

プロゴルファーとして活躍したトム・ワトソンは、日本経済新聞の「私の履歴書」の中で、こう語っている。

「ゴルファーという人種は、常にスイングを変えている。それは時にボールの位置であったり、時にバックスイングの方法であったりする。ある方法がうまくいかなければ、また別の方法に目を向ける。その目線の先にあるのは、いつでも「完璧なスイング」なのである」。

この点は、前述した野村克也、川上哲治両氏の発言の趣旨と同じである。プロ野球選手の打者は完璧なスイングを、投手は完璧な投球法を目指し日々鍛錬を積んでいるのだろう。

昨年（2018年）12月の国立劇場の歌舞伎公演は、通し狂言石川五右衛門だった。波瀾万丈の運命を辿る五右衛門を演じる中村吉衛門の演技ぶりが「芸の世界」を窮めていたのが印象的だった。

10. 投手の特性

(1) ノーマルでは務まらない投手

長嶋茂雄が新聞紙上で、投手と野手の違いについて、こう語っているのが印象的だった。

「ピッチャーというのは、ノーマルな人間は大成しませんね。われわれは逆に、ノーマルじゃないと商売ができないのです。相手があって商売が始まりますから」と。確かに野球というゲームはピッチャーが投げないと始まらない。投手は大勢の観衆を前にして毎回、球を投げるのだから、よほどの強心臓の持ち主、アブノーマルでないと務まらない。それに対し、打者はピッチャーの出方を慎重に見極めたうえで動作に移る必要があるという意味で、ノーマルな神経が不可欠ということになる。

名投手と言われた堀内恒夫さんは、投手心理についてこう語る。

「ピッチャーというのは、完璧主義者みたいなもの。キャッチャーはとにかく一点差でも二点差でも勝つことを優先するところがある。それに対して、何でもかんでも突っ込んでいきたいというのが投手心理なのだ。先発なら完封を狙うよね。打者0－2に追い込んだとする。キャッチャーはここで一球外せという指示を出す。・・バッターの目線を変えるといったリードだが、俺にはそれが危険な配球に映ったし、もったいない気がした。だから、完全なボール球は無駄というか、心理としては一気に三振をとってしまいたいわけよ。

若いころはいざ知らず、晩年になると、僕は完全にボールを外すことはしなかった」。

テレビ中継で野球をみていると、投手がツーストライクと追い込むと必ず一球外すケースが多いが、全く無駄なような気がしたので、堀内さんの心境はよく分かる。

(2) 天動説の投手

野球ジャーナリストの近藤唯之氏は、エース級の投手心理について、こう語っている。「一球ごとに球種、コースを考えるのではない。最初に構想があり、そのシナリオ通りに進行させていく。自分が主役であり、演出者でもある」、「そして構想が思いのままに完結したとき、自分の胸のうちでニヤリとする。客は酔わせて自分は醒めている」。

スポーツジャーナリストの二宮清純氏の解説も興味深い。

「ピッチャーという「人種」はエゴイズムとナルシズムの塊だと思っています。マウンドという小高い丘にひとりで立ち、切った張ったの大勝負をやっているわけですから、「地球はオレを中心に回っている」と考えるのが、当然だと思うんです」。

天動説に立つピッチャー心理と、地動説に立つ野手、打者の心理というのは、正鵠を射た指摘のように思われる。

(3) 投手の究極の目標

ピッチャーは、登板前は常にパーフェクトゲームを目標にし、四球を出すとノーヒットノーランに、ヒットを打たれると完封試合に目標を切り替えるのだという。

ところで、エースピッチャーの条件は、何だろうか。週刊文春によると、巨人の主力投手で監督も務めた藤田元司(故人)の談話として、「年間を通じてローテーションを守れるタフネスさや、監督が勝って欲しいと願う試合で必ず勝ち切る勝負強さ、どんなに自分のコンディションが悪くても何とか試合を作り上げる投球術」をあげた後、「あとは優しさ、他人への気配りができるかだね。結局、そういう細やかな神経と広い視野を持つことがチームの信頼を生んで、大事な勝負で力につながるのだ」と、付け加えたという。

野球では、「投手が7割、打撃が3割」ということが言われている通り、勝負を決する上で投手の役割は極めて高いものがある。

(4) 炎のストッパー

平成6年(1994年)5月15日午後9時のNHKスペシャル「もう一度、投げたかった－炎のストッパー－津田恒美の直球人生」が全国ネットで放映された。

自らの弱気との闘い、怪我との闘い、リリーフの重圧との闘い、そして脳腫瘍との闘い。家族とともに精一杯生きた津田の生涯を描いたドキュメンタリーは、視聴者に勇気と感動を与えた。

津田投手をドラフト会議で一位指名した古葉竹識さんは、「彼の投球はとにかく鬼気迫るものでした。マウンドの投球練習の初球から全力で投げ、ものすごい威圧感を相手に与えたんです。かといって、普段の津田ほど明るく優しい好青年もいなかった。プロにはちょっと活躍して、周囲にチヤホヤされると、天狗になってしまう選手もいる。津田にはそういうところが微塵もなかった」と振り返っている。津田投手と対戦したことのある原辰徳さんは、「あれだけ正々堂々と真っ向から投げてくるピッチャーはいない。手元にきてボールがウワーンと大きくみえた」と述懐されている。

広島カープ津田投手のプロ通算成績は、在籍10年、登板回数286、49勝41敗90セーブだった。

津田投手の残した言葉である「どんなに監督やコーチから怒鳴られても、どんなに観客に野次られても、やっぱり野球がやりたいよ」は、野球が大好きな投手の心情を吐露したものとして今でも心に響くものがある。

11. 集中力を高める

広島カープ時代の古葉監督は選手に対して厳しい指導を行ったが、自分自身に対しても自己管理を徹底し、集中力を高めておられた。

「自分は野球をやりながら思ったのは、選手に要求すればするだけ自分も必死になってやれば、選手はついてきてくれるなと常に思いましたね。十人の選手に要求すれば、十倍の努力をしなければいけないし、十倍の集中力を持って野球をしなくてはならないと思いました。これは、社員を使われている企業の方にも、その点だけは共通しているのではないかと思います」。

イチローは、ホテルに滞在するときでも、上着、Tシャツ、下着類をきれいに分けて備え付けの家具の中にきちんと収納するが、その理由についてこう語っている。

「すべての物事が整理整頓されていれば、どんなプレッシャーの中にあっても余分なことを考える必要がないため、肝心の自分の仕事だけに集中できるからです」。彼の整理整頓の極意は、「一つずつ」、「丁寧に」、「最後まで」である。こうした手順で進めていけば、プレッシャーの中でも押しつぶされることなく、集中しながら仕事をやり遂げることができる。この点は、5S活動（整理、整頓、清潔、清掃、躾）を展開している企業にも同様のことが言えるのだろう。

またイチローは、打席に入る前には必ず四股を踏むなど一定のルーティーンをこなしているが、その理由についてこう語っている。

「いつも決まった動作をして一定のリズムが出来上がると、呼吸と精神が整い、雑念に意識を奪われることなく本番に集中して臨めるようになります」。本番に集中力の頂点を迎えるように設定し、そこから逆算してウォームアップをして集中力を高めていくという手法は、大事な会議でのプレゼンテーションにのぞむ社会人にとっても、応用することができそうだ。

将棋棋士の羽生善治さんは、集中力を高める三つの方法を提示している。

第一は、何も考えない時間をもつこと。

第二は、一つのことをじっくり考えることに慣れること。

第三は、(長編小説を読むなど)時間と手間のかかることに取り組むこと。

自らも実践している三つの方法を提示した後、「自動的でも他動的でもどちらでも良いので、まずは一つのことに集中できるような環境を作り上げ、それから徐々に集中を深めて、滞りのないスムーズな流れをつくることが大切ではないか」。

論語には、「之を知る者は之を好む者に如かず。これを好む者は之を楽しむ者に如かず」とある。楽しみながら没頭できるテーマに取り組むことが、集中力を高める近道なのかもしれない。

12．大切なポジティブ思考

(1) プラス思考

元中日監督の星野仙一さんは、プロ野球におけるポジティブ思考について、こう語っている。

「野球は成功よりも失敗のほうが断然多い集団競技だ。10回打って3回ヒットが打てれば選手はもう一流だというスポーツである。チームにしても一年戦って、勝率が六割に達したら優勝だ」、「今日打てなければ、また明日頑張る。今日ミスしたら反省し、さらに練習して今度は頑張る。「明日がある」、「明日がある」と考えながらやっていく、生きていく世界なのである。だからこそ、現場にいる監督、コーチは減点主義ではなく、野球という集団競技自体にある、一点、二点、三点と得点を積み重ねていく「得点主義」を貫き通していくのが本当の姿なのである」。

リーダーが前向きに対応することの重要性は、スポーツだけでなく、企業経営や人生でも同じことが言えるのだろう。

「風とともに去りぬ」の最後のシーンで、何もかも失ってしまい、悲しみに打ちひしがれたスカーレット・オハラは、「TOMORROW IS ANOTHER DAY」（明日という別の日があるわ）と叫ぶ。「今は苦境にあっても、明日がくれば、きっと物事は良い方向に転じる」と考え、前向きに明日に向かって生きていくことの大切さを示唆している。この精神は、スポーツの世界だけでなく、企業社会でも通用する言葉である。

作家の城山三郎は著作の中で、経済学者ケインズの言葉をこう引用している。

「人間は心理として、不況のときなど、現実の打撃以上に悲観してしまう、「悲観の誤謬」が起こる。逆にいいときは、「楽観の誤謬」が働いて1割しか儲からない場合でも、2割ぐらいは儲かるかもしれないと判断する」。つまり人は極めてそういうことをやりやすいと言っているのだが、好不況にかかわらず、プラス思考で首尾一貫したいものである。

プラス思考と言えば、長嶋茂雄である。「就寝前の儀式があった。毎夜、9回二死満塁、打者長嶋、カウント3ボール2ストライク、夜ごとにベッドに入る前にそんな状況を思い浮かべた」、「投手の勝負球を見事センター前に、または逆転ホームランであったり、走者一掃の二塁打であったりする。プレッシャーを楽しんだ」と語る長嶋さんは、徹底したプラス思考の強打者であった。

(2) 壁をつくらない

現役時代に通算224勝、最優秀防御率四回など輝かしい記録を残した工藤公康さん（現ソフトバンク監督）は、著書の中でこう語っている。

「これまでの人生で、壁だと思うことはたくさんありました。しかし、孤独の中でそれを何度も打ち破り、乗り越えてきた今となっては、かつて自分の前に立ちはだかっていた壁のようなものは、単に自分が勝手に作り上げた言い訳に過ぎず、実は壁なんかではなかったのだ。自分で自分の限界を決めつけてしまうと、そこに壁ができてしまう」。

工藤さんの座右の銘は「前後裁断」であり、その意味は「今までの実績や未来のことを断ち切って、今、自分が何をすべきかを考える」。あくまで目先の小さな自尊心に溺れることなく、今よりも大きな自分になることを目指す、プラス思考が根底にある。若い選手へのメッセージとしては、「人から教え込まれるのではなく、孤独に考え抜いた末に自分で気づけた選手の方が伸びます。その方が「自分で自分を伸ばす方法を考え続けるようになる」からです」と。

好打者として知られた長嶋茂雄は、バッティングの極意を聞かれ、「バッティングについて、僕はあれこれ考えないタイプなのですよ。だから相手がいくら僕のことを読もうとしても、それは無理でしょう。だって本当に何も考えていないのだから。昔から、どうにかなるさ、なるようになれという性格なのです」と、長嶋さんらしいコメントをしている。緻密なデータ野球で有名な野村克也氏も「長嶋だけは何を持っているのか全く分からなかった」と、ボヤクのも無理ないことである。

シェイクスピアの言葉に「世の中に幸も不幸もない。ただ考え方次第である」がある。幕末維新の功労者である高杉晋作の辞世の句は「面白き　こともなき世を　面白く」とされている。時代の転換期に世の中を変革するには、前向きな心構え、心の余裕こそが、必要な資質なのだろう。

司馬遼太郎の高杉評は、ユニークだ。久坂玄瑞と対比した上で、「久坂は才能の「才の人」で、高杉は知識の「識の人」だ。「才」というのは、事をうまく運んで成し遂げる、いわば官僚的な才であり、「識」というのは、物事を構築し、何が大切なのかを捉える見識なのだ」。司馬遼太郎の論評からは、転換期にあるいまの日本には、「才の人」の久坂よりも高杉のような「識の人」タイプが求められているのではないかと問いかけられているような気がする。

(3) スランプ脱出の道筋

年間140試合を超えるプロ野球の長丁場では、好不調の波は避けられないが、プロ選手がスランプに陥った際の脱出法には、それぞれの流儀がある。

元ヤクルト名捕手の古田敦也さんは、スランプ脱出のカギとしては、「人生のフォアボール」を狙うという。「不調のときは、たいていボール球に手を出してしまう。不思議なもので、調子が悪いときに限って打ちたくてしょうがないんですよ。ですから、「ボール球は絶対振らない」、「きわどい球は全部ファウルでいい」と言い聞かせてバッターボックスに入る。うまくフォアボールをとれると、ピッチャーのほうがストライクを取りたくなりますから、次第に真ん中にボールが集まってくるんです。そこではじめて打つ。そうこうしているうちに調子が戻ってくるんですね」。

つまり選球眼がスランプ脱出を支えたということである。うまくいかなくなると、焦って余計なことをして悪循環に陥いるという点は、人生でも同じことが言える。古田流に不調なときは開き直って、「人生のフォアボールを狙う」というのも、社会人にも必要な心構えなのかもしれない。

アランの幸福論の一節に、「悲観主義は気分に属し、楽観主義は意思に属する」という言葉がある。何事にも果敢にチャレンジし、失敗したらやり直せばいいのだろう。

俳句の世界には、「生憎（あいにく）という言葉はない」と言われる。雲に隠れて月が見えなければ「無月を楽しむ」、雨が降ったら「雨月を楽しむ」と。その精神で俳句を詠み続けると、不幸や病気、悲しみなどマイナスの要素もすべて句材となる。俳句を通じて、物の見方が逆転しイキイキとした人生を生きるようになったケースも出てきているので、俳句には人生を前向きにする力があるようだ。

13．捕手は守りの要（かなめ）

（1）守備の要（かなめ）

「監督の分身」とも言われる捕手は、守りの要（かなめ）であり、チームの司令塔の役割を果たしている。守備において、投手、内野手、外野手と正対しているのは捕手のみである。投手への配球のサイン、いかなる守備隊形をとるかなど、打席に立った相手の状況を見ながら、的確に判断・指示する必要がある。

その捕手と同じ視点でプレーを裁いているのは、球審である。捕手はこの審判にも配慮を払う必要がある。「江夏の21球」の捕手役を務めた広島カープの水沼四郎さんは、審判との関係についてこう語る。

「ストライクくさい球をボールと判定されても、振り向いてクレームはつけなかった。振り向くと、プライドも傷つくだろう。前を向いたままで「いまの入っていますよ、次も同じコースにしますから」と、ピッチャーに返球する。で、次に同じコースに投げさせたら、だいたいストライクを取ってくれる。中には平光さんのように一度ボールの判定を下すと、最後まで同じ判定を押し通す頑固な審判もいたけど。審判のそういう癖というか、個性や性格を見抜くのも捕手の仕事だね」。

逆に審判からみた名捕手とは何だろうか。元セ・リーグ審判員の岡田功さんは、低めのキャッチングの巧拙を第一の条件にあげている。

「捕手には、キャッチングした位置を審判に正確に伝達するという役割がある。判定しやすい形で捕球することですが、中でも低めの球は捕手の背中に張り付いている審判には見えにくい。大きな構えのままで捕球されると、なおさら見えないわけです。だから、体を小さくして腕を伸ばしてキャッチングする捕手ほど、審判は判定しやすいし、有能な捕手ということになります」。

(2) 盗塁阻止の役割

捕手のもう一つの役割は、盗塁の阻止である。しかし、いくら強肩の捕手でも、それだけで盗塁を阻止できるわけでない。名投手と言われた堀内恒夫さんは、こう語る。
「盗塁というのはまともにやれば全部アウトにできるようになっている。だけど、どこかでミスが出る。ピッチャーのモーションが盗まれたり、キャッチャーがちゃんと捕球できなかったり。完璧な送球をしても、セカンド、ショートが二塁に入るのが遅れたり、落球したりすることもあるだろう。盗塁阻止はいろいろな要素が絡んでくる。その中で一番責任が重いのはピッチャーだろうけどね。なのに、盗塁されると、みんなキャッチャーが悪いという。だから、キャッチャーは損な役回りなのだ」。

盗塁を阻止できる時間は3・2秒とされている。投手がモーションを起こして、ボールが捕手のミットに収まるまでの時間が1・2秒。捕手がボールを二塁へ送球する時間が2秒。すなわち、3・2秒の時間内にすべての作業が完了すれば、27・43メートルの塁間を駆ける走者を二塁でアウトにできる。しかし、現実には投手の牽制球の良し悪しや、クイックモーションの可否などで、結果が理論通りいかないケースがあり、捕手だけの責任にするわけにはいかないのだろう。

日本シリーズ2018ではソフトバンクが広島カープに勝ち、日本一に輝いた。広島カープがシリーズで八度試みたすべての盗塁をすべて阻止され、機動力野球を封じ込められたのが印象的だった。ゲームの流れ・勝利の女神を引き寄せた強肩甲斐拓也捕手が、最高殊勲選手に選ばれたのも頷ける。

(3) インサイドワークの評価

捕手のインサイドワークとは、経験やデータを活かした配球、投手に対するリードを指す言葉である。捕手のインサイドワークの良し悪し、投手の能力を最大限に活かす技術が試合の帰趨を決め、勝敗に大きく影響する。その意味では、現在のプロ野球におけるキーパーソンは、捕手といっても過言ではあるまい。冷静沈着なリードと投手のミスをカバーしてあげる寛大さが求められるポジションである。投手の投げミスで相手に打ち込まれても、自分の配球サインのせいにする。捕手のこうした心遣いが、投手との信頼関係の構築に大きく貢献する。

野球の勝敗への貢献度という視点で見ると、捕手のインサイドワークは極めて重要な役割を担っている。ただ選手が受け取る報酬の評価を検証してみると、勝ち数の多い投手や打率、ホームラン数の多い野手に高年棒者が多く、捕手の評価は意外に低く見られている。捕手の査定に当たっては、インサイドワークによる勝利への貢献度がもっと考慮されてもよいのではなかろうか。

14. 一流のマナーを身につける

(1) チームプレーの原点

古葉竹識さんは、広島カープの選手に対してプレーヤーとして一流を目指すだけでなく、社会人としても一流のマナーを身につけて欲しいと考えていたが、その理由について、こう語っている。

「やっぱり相手のことを考える選手でないと非常に使いにくい。サイン一つにしても、このサインだったらこういう含みを持っているのだろうな、こんなケースだとこういうサインが出るなというように先に考えてくれることが大事です。また一人の選手がミスしたら、相手に分からないようにうまくカバーしてやることが、チームとして一番重要なことなのです。ですから、これは野球だけでなく、生活の面でもあいつといるのは嫌だなというような選手たちがいっぱいたり、お茶も一緒に飲みたくないなというようだと、チームはバラバラになってしまいます。そういうチームだけにはしたくないなというふうに思っていました」。

チームプレーの理念を岐阜の正眼寺で体得したと言われる川上哲治氏は、「厳しい修行で素っ裸にされた自分一人の弱さを知ったことで、相手に感謝し、相手を助けるプレーの本来の意味を体でつかみ取ったことが大きかった」と語っているが、これも古葉さんのいう「社会人としても一流に」ということに通ずるものがある。

(2)「球道即人道」

プロ野球の桑田真澄、清原和博が巣立ったPL学園の監督をされ、甲子園大会春夏合計で六度の全国制覇を達成した中村順司さんは、マナーについて朝日新聞紙上でこう語っている。

「小学生がコーチと見学に来ると、「監督さん、何か一つ指導してください」とよく声を掛けられる。そんな時私は、技術的なことは口にしない。「朝、おはようございます、と挨拶ができるか」と質問する。それができないと野球もうまくならないと思っているからだ。また、食べ物の好き嫌いはいけないよ、という。人に対しても好き嫌いが出ると思うから・・・」。

「球道即人道」だと思っている。巣立っていった選手の噂を耳にするときも、マナーがいい、言葉遣いがいいなど、精神的な面を褒められると嬉しい。これからも技術ばかりでなく、礼儀を重んじることを教えて、世のため人のためになる人を育てていきたい」。

桑田、清原といった名選手の生みの親だけあって、中村さんは「野球道は人間道にも通ずる」との信念のもとに、球児を我が子のように思い、マナーの大切さを訴えておられるのがよく分かる。

また文芸春秋誌上では、「グラウンドではいつも思い通りのプレーができるわけではないし、チャンスで得点できなかったり、ピンチで失点したりする。少しでも思い通りのプレーができるために日々、練習する。人生も同じで、思い通りいかないからこそ、努力しなければいけない」と語っている。「野球のグラウンドは人生の縮図である」とする主張には、「なるほどその通りだな」と思わせるものがある。

ＰＬ学園時代に中村監督の指導を受けた元ヤクルト内野手の宮本慎也さんは、「球道即人道」について、「野球に打ち込む姿は、人生に向き合う姿勢に等しい。しっかりした人間、強い人間になろうと努力しなければ、野球でもよいプレーなどできるはずがない。高校生のころは何となくしか分からなかったが、年齢を重ねるごとに言葉の重みを感じていった」と述べている。

（3） 挨拶はコミュニケーションの第一歩

挨拶（あいさつ）の語源をみると、「あい」は心を開くという意味、「さつ」はその心に近づくという意味である。つまり挨拶とは、自分の心を開くことで、相手の心を開かせ相手の心に近づいていくという積極的な行為である。この意味で、挨拶は人間関係をスタートさせるためのコミュニケーションの第一歩という、重要な意義を有している。

プロ野球のチーム内で選手同士、監督・コーチと選手間での挨拶を通じて、コミュニケーションが自由闊達に交わされることは、チームワークを形作るうえで大切である。

マザーテレサの言葉に、「愛情の反対は、憎しみではなく、無関心である」がある。挨拶が交わされない職場、組織では、個々ばらばらになり、勝利に不可欠なチームプレーとは程遠い。お互いに相手の目を見て、明るく、元気よく、笑顔で挨拶を交わすことができているチームは、雰囲気もよく、何事にも前向きに取り組める環境下にあると言える。この点は、企業経営でも同じことが言えるのだろう。

（4） マナーの意義

マナーのスポーツと言えば、先ず挙げられるのがゴルフである。ジャック・ニクラウスと覇を競い合ったアーノルド・パーマーは、「ゴルフは、いろんな面で人生を象徴している。ゴルフがもっともマナーのいいスポーツと言われるのは、礼儀と尊敬の念を大事にし、ルールに従って技術と正直さを競い合うことにある」と述べている。

夏坂　健氏は著書の中で、「ゴルフは単なるフィルターの役目、本質は末端にあらわれるのたとえの通り、ゲームの途中に垣間見せる言動こそ人柄そのもの、赤裸々な姿ではないだろうか」と述べている。つまり、ゴルフは人の性格が正直に表れるスポーツであり、おおらかな人はおおらかなゴルフをするし、細かい人はゴルフもそうなる。その意味では、人間観察の機会にもなるし、決められたルールの中で、どのように人と付き合うかを学ぶようになる。

この意味では、昨年（2018年）5月30日に行われた日本ゴルフ選手権森ビル杯のプロアマ戦での片山晋呉選手の不適切な行為、マナー違反は、残念なものだった。プロアマ戦とはいえ、競技会なのだから同伴のパートナーに不愉快な思いをさせる行為は、決して許されるものではない。

スター道を貫いた名優の高倉健さんは、「役者は夢を売る商売」との考え方で、休日でもイメージを守るため、外出時は基本的にスーツ姿だった。身だしなみには最後までこだわり続けたのはさすがである。

武芸の言葉に「残心」がある。「一つの動作を終えたあとでも緊張を持続する心構え」の意である。電話で語り終わってなお、相手の様子をうかがう、それから静かに電話を切る。その間の無言の間が双方の心を通わせることになる。これは池波正太郎のエッセイからの引用である。おもてなしの精神からすれば当然の所作ではあるが、急いでいるときはつい怠りがちになるので要注意である。

15.「たかが野球、されど野球」

「たかが野球」と言うなかれ。野球という筋書きのないドラマは、実に奥の深い感動的なスポーツではないかと思う。

(1) 明るく前向きに

「たかが野球、されど野球」。この言葉は、青バットの愛称で知られた大下弘の名言である。赤バットの川上哲治と並び、戦後復興期の球界における国民的なヒーローだった。

豪放磊落で天衣無縫の明るさを持つ大下の、「浮世をば　球一筋の　男かな」、「何事も球にまかせた　吾が浮世」といった句には、「たかが野球」と笑い飛ばしてプレーを楽しむ姿勢がみてとれる。

しかし、大下ほど真剣に野球と取り組んだ選手はいなかったようだ。昭和33年、所属する西鉄が三年連続でリーグ優勝した当時の日記には、「万一今年三連覇への野望絶たれるとならば、その責この身ひとつに負うものと覚悟す」と記していた。「されど野球」という言葉には、彼がグラウンド上での真剣勝負に全存在を賭けていたことが、よくあらわされている。

この言葉を「たかが人生　されど人生」と置き換えることもできる。仕事に取り組む姿勢でも、真面目一辺倒、ガチガチの姿勢で構えていては円滑に進まない、そうかといって斜に構えた姿勢でもいけない。心に余裕を持って自然体で、楽しみながら物事に打ち込むことが大事である。この言葉にはそんなメッセージが込められている。

(2) 広島カープの歴史と伝統

広島カープは、被爆で廃墟と化した広島市の復興のシンボルとして、1949年（昭和24年）に創設された。その後、経営難に陥るなどの危機に直面するが、経済界、市民挙げての樽募金に代表される寄付、カンパ活動で危機を乗り切ってきた。

元監督の古葉さんも、「カープのあの苦しい時代に募金をしながら助けてくれた、何とかつなげてくれたということが、いまのカープに繋がっている。百万都市で毎年100万人をこえるファンが球場に来てもらっているのです。東京、大阪をバックにした巨人、阪神の300万人とは違う。これだけの支持を得て自分の野球をやれたことは本当に幸せだった」と語っている。

古葉さんの深い思いは、地元経済界、市民も同じであろう。カープが市民の希望の星として、地元経済の復興、その後の発展に寄与した功績は極めて大きいものがあったのではなかろうか。「たかが野球」と言われるが、カープの果たした役割の大きさを考えるとき、「されど野球」と思わざるをえない。

いまのカープ、赤ヘル軍団の勝負強さ、応援するカープ女子の増勢ぶりを目の当たりにすると、その思いがますます強くなるのである。

(3)「キムタク」への惜別

広島、巨人で俊足、巧打のユーティリティプレーヤーとして活躍された木村拓也さん(愛称「キムタク」)は、2010年4月、マツダスタジアムでの広島戦での試合前のシー

復興のシンボルでもあった広島市民球場

トノック中にくも膜下出血で倒れ、病院に搬送されたが、意識不明のまま逝去された。（享年37歳）

投手以外のポジションは全てこなすことができ、スイッチバッターとしても活躍した木村さんに対する関係者、ファンの思い入れは強いものがあったようだ。10日広島で行われた葬儀・告別式には、3、000人を超える関係者、ファンが参列し、別れを惜しんだ。松田元オーナーは、「いつか指導者としてカープに戻ってきて欲しかった」と唇をかみしめた。

「キムタク」の郷土愛の強さは、広島カープの歴史と伝統でもある。奥様の木村由美子さんが上梓された「一生懸命」では、「主人は私たち家族に、大きな財産を残してくれました。主人が仕事と同様に、一生懸命、大切にしていた素晴らしい「人」たち。みなさんがまるで父親のように、うちの子供たちを心配してくださる。それは、父親として主人が子供たちに残してくれた宝物だと思います」と。

「キムタク」の残された遺産は、正に「たかが野球選手」と言うなかれ、「されど野球選手」なのである。

16. 勝負強さ

（1）天覧試合でのホームラン

ここ大一番の試合で、無類の勝負強さを発揮したのが、長嶋茂雄である。昭和34年（1959年）6月25日、天皇、皇后をお迎えしての初の天覧試合でサヨナラ本塁打を放ったのである。

後楽園球場で行われた巨人・阪神戦の試合は同点のまま9回裏を迎えた。ピッチャーは阪神エースの剛腕村山実である。説明役のパ・リーグ会長中沢不二雄さんが、「ここで一点とりますとサヨナラゲーム、それがホームランですとサヨナラホーマーで、スタンドが熱狂します」と解説されているのを、むろん長嶋は知らない。カウント2ボール2ストライクから投げ込まれた内角高めの速球を振りぬくと打球は左翼席に飛び込んだ。

天覧試合を成功させた読売新聞社主の正力松太郎氏は、「絵に描いたような試合。それを両陛下にお見せできて本当に良かったと思っている」と。試合後の記者会見で、「打った球」を聞かれた長嶋茂雄は「打った球ですか？夢中でよくわからないですよ。とにかく真っ直ぐでした」と、長嶋流のコメントを述べている。

この勝負強さは監督時代も続いた。長嶋巨人は平成6年（1994年）10月、勝った方がリーグ制覇という中日との最終戦に臨むことになる。前評判は、追いついた中日が有利との報道だったが、長嶋は「130試合で決着だ。こんな試合ができる選手は幸せですよ」とあくまで前向きに考えていた。

試合は、槇原、齋藤、桑田と先発三投手でつないだ巨人が、6対3で逃げ切った。この試合を国民的行事と捉え、最終決戦に燃えた長嶋の心意気に選手全員がのせられた格好での勝利だった。球史に残る最終決戦の視聴率は史上最高の48．8％というから、まさに勝負強い長嶋巨人の一人舞台だったと言える。

最後に長嶋らしいと思わせるエピソードに触れておきたい。天覧試合から6年経過した昭和40年（1965年）、芝白金の迎賓館の会合で天皇陛下より、「後楽園で見た試合は面白かったね、あのホームラン、良かったよ」とのお言葉をいただいた。「僕は感激してしまって、「ハハーッ」とただ、気をつけの姿勢。嬉しかったですね」と、長嶋ならではのコメントをされている。あの試合の球審をされていた島秀之助さんは、回想録で「まるでつくられたドラマのような試合であって、その意味でそうたびたびある試合ではなく、稀にみる名勝負だったと言える」と語っている。「プロ野球は職業野球」にすぎないとさげすまれていた時代からすれば、正に天覧試合は、「プロ野球が国民的スポーツ」として認知される契機になった。

（2）勝負は気で決まる

天覧試合でサヨナラ本塁打を打たれた阪神の村山実投手は後年、「長嶋さんと闘うときには、どっちがどれだけ炎となっているかが勝負なのです。相手の方が熱いと感じたときは、私がいくらいい球を投げても打たれます。逆に私が炎となっているときは、いくら長嶋さんがいいスイングをしても勝ちます。勝負は気で決まると言いますが、長嶋さんとの勝負はいつもそうでした。お互いに炎となっていました。あの勝負（天覧試合）の瞬間、長嶋さんの目はとても静かだったのです。一瞬、ふっと涼やかなとても穏やかな目になった。長嶋茂雄のファンタジーとでも言いましょうか。この静粛に投手は魅入られ我を失うのです。あのときもそうでした」と、述懐されている。

確かにテレビ観戦していると、ここぞという場面で一流の打者を迎えると、相手の投手が一瞬ひるんだ様子を見せ、長打を打たれるケースがあるのは、打者に気合負けしている証左なのだろう。

営業ビジネスや交渉事でも、気力で相手を上回っている場合には有利に自分のペースで運べるのも、スポーツの世界と同じことなのだろう。

(3) 打撃術

勝負所での打撃術について、元ヤクルト監督の広岡達朗氏は監督・コーチ時代に指導者としての立場からこう語っている。

「打席に入ったら、ボックスの一番前（ベース寄り）に立って、来た球を何も考えずに打ち返すということだけだ」、「打てない選手は欲をかいているからだ。ホームランを打ちたいという欲。チャンスにタイムリーを打ってヒーローになりたい欲。すべての欲は邪心を生み、余計な力が入って打てない」。

スランプ状態に陥ったプロ選手が、「力感、力みをなくすことで復調につなげた」とよく語るのも、無心、無欲で力を抜くとバットが出やすくなるということなのだろう。

「野球はタイミングのスポーツ」が持論の元ヤクルト捕手の古田敦也さんは、「ピッチャーが脚を上げて投げるタイミングで、バッターがそれにシンクロさせるとボールに合わせやすい」と語る。つまり、ピッチャーが脚を上げて、下ろしながら投げるリズムに合わせる、一心同体化することで相手のタイミングに合わせたバッティングをすることだと言うのである。メジャー通算3千本安打を達成したイチローの振子打法も、ピッチャーとシンクロ（一心同体化）させるための一つの技法なのだろう。ちなみに古田敦也さんの17年間に及ぶ現役時代（ヤクルト）の通算打率は、2割9分4厘という成績だった。

17. プロ入り後伸びる選手の特徴

（1）審判から見た伸びる選手

審判現役時代の29年間で2、500人以上の新入団選手を見てきた、山崎夏生さんは、プロ入り後に伸びる選手の三つの特徴、資質について、こう語る。

「第一には、超一流となる選手はとてつもない「信念」を持っている」。その代表例としては、オリックスのイチローをあげている。

イチローの振り子打法は一軍では通用しないから打撃改造をせよとする監督・コーチの指示には、従わなかった。その理由は、「自分の打撃スタイルを一番理解しているのは自分自身だ、という固い信念があったから」である。この結果、二軍落ちすることになるが、不本意な二軍生活でも不貞腐れることなく、自分の振り子打法に磨きをかけた。入団三年後に監督が交代し仰木彬氏が就任するが、仰木さんがイチローの卓越した才能を見抜き、一軍に抜擢・登用したことが飛躍のきっかけとなった。

「第二には、自己管理能力である」。地方球場での試合後にマネージャーから「何しているのだ。早くバスに乗れ」と注意されても、「後からタクシーで追いかけますから」と答え、登板後には必ずアイシング（筋肉痛・疲労蓄積の軽減措置）を徹底させていた桑田真澄投手をあげている。

「第三には、努力する才能である」。たいした素質に恵まれなくとも、この能力があれば、信じがたい成績を残す選手もいる。この代表例には広島カープで活躍した故木村拓也選手をあげている。「とにかく現場で使い勝手の良い選手にならなければ、生きられません」として、投手以外のすべてのポジションを守れる、左右で打てるスイッチバッターにもなる、小技で俊足を活かせるといったことに、果敢に挑戦し、チームの戦力の一端を担うことになった。彼以上の身体的野力を持つ選手はいくらでもいたが、「努力する才能」という点では彼ほどとびぬけた選手はいなかったと回顧されている。

(2) 監督から見た伸びる選手

巨人監督の原辰徳氏は、伸びる選手の資質について、こう語っている。

「素直さ、朗らかさ、謙虚さの三つを持つことが大切だ」。組織のトップに立つ人間、つまり野球でいう監督も同じであり、「この三つを持ち合わせることで、人が人を呼び、人を支え、人に支えられるという理想的な環境ができる」、「選手からすると、この三つの要素を持っている指導者のところには、何かとアドバイスを受けにいきやすいものだ」。

要は、「素直さ」、「朗らかさ」、「謙虚さ」の三つを持つことで、周囲に可愛がられ、周囲の意見を取り入れることができる人間になれる。巨人で活躍している現役選手の具体例で言えば、坂本勇人や岡本和真がその筆頭格になるのだろう。

(3) コーチから見た伸びる選手

コンディショニングコーチの立花龍司さんは、伸びる選手と伸びない選手との違いについて、こう語る。

「目標設定の上手な選手が伸びるのに対し、目標設定が下手な選手はたとえ素質があっても伸びにくい。伸びる選手は、いきなり遠くにある理想を追いかけるのではなく、手が届きそうな目標の達成を優先させる。しかし、伸びない選手は、高い理想像を追いかけるものの、目先のことをこなすのに汲々としている」、「人間は大きな成功体験を一回味わうよりも、小さな成功体験を数多く味わったほうがモチベーションが強化されやすいという性質があり、その繰り返しで最終的なゴールの実現に向かって挫折せずに強い心で努力が続けられるのです」。

目標設定の上手な選手については、メジャーリーガーのイチロー選手をあげている。彼の小学校時代の将来の夢を語る作文では、「ぼくは将来、プロ野球の選手になり、ホームランよりもヒットをたくさん打つ選手になりたいと思います。球団は中日ドラゴンズか西武ライオンズに入りたいです。プロになるために甲子園で活躍できる高校生になり、そのための強豪校から誘われるような中学生になりたいと思います。中学生で注目されるためには、小学生のうちにきちんと練習しておく必要があります。今年ぼくは週二回しか野球の練習をしていませんでしたが、来年は週三回にしたいと思います・・・」。小学生の頃から将来の夢を実現するためのプロセスを具体的にイメージしているのには驚かされる。この意味では、メジャーで活躍中の大谷翔平もイチロー同様に目標設定のうまい選手と言える。

（４）スカウトから見た伸びる投手

スカウトは、主に高校生、大学生、社会人野球の有望選手をプロ野球に勧誘する役割を担う仕事である。目利きのスカウトが投手の将来性、潜在力を見るポイントは打撃のセンスだという。スカウトとの親交のあついノンフィクション作家の澤宮優氏は、著書の中でこう語っている。

「投球と打撃の理論は根底で通じています。投手も打者も、後ろに重心をかけ、体を捻って前に重心を移動します。同じ技術体系です。投手が打者に向かって投げる、打者が投手の球を打つというタイミングも同じです。ただ投手は球を当てさせない、打者は球を当てるという違いだけです」。

だから、投手として優れた選手は、打者としても優れていることになる。高校時代、投手で４番バッターがいるのも頷ける。西武に入団した松阪大輔は横浜高校では４番であったし、巨人のエースだった桑田真澄もＰＬ学園時代は、清原和博とともにクリーンナップを担っていた。さらにさかのぼれば、王貞治も早稲田実業時代は投手で主力打者であった。

人材のセンスを見抜く鍵は、本来のポジション以外の部分に見え隠れしているというのも面白い見方である。採用に当たり人材の資質を正確に見極める必要がある企業の人事部門にも、応用できそうだ。

18. チャレンジ精神

(1) 一流と二流の差

プロゴルファーの青木功氏は、雑誌「ウェッジ」誌上で、「一流と二流の分かれ道は優勝の翌週にあり」として、こう語っている。

「周りの皆はお祝いの言葉をかけてくれる。ありがたい話だが、優勝したことは一刻も早く忘れることが、一流と二流の分かれ道。前の週の優勝を祝うよりも、その週の試合でいかに上位に入るかを努力すべきなのですね」、「かつて南アフリカのゲーリー・プレーヤーがJALオープンで優勝し表彰式などがすべて終わった後、飛行機の出発時間まで時間があると言って、優勝したコースを一時間ほど走って帰ったと、後日聞いた」。過去の栄光は忘れて、常に明日に向かってチャレンジしていくのが一流のプロの流儀なのだろう。

将棋の羽生善治さんは、著書の中でこう語っている。

「勝負の世界では、「これでよし」と消極的な姿勢になることが一番怖い。組織や企業でも同じであろうが、常に前進を目指さないと、そこでストップし、後退してしまう」、「守ろう、守ろうとすると、後ろ向きになる。守りたければ、攻めなければいけない。私は、自分の将棋は常にそうありたいと思っている」。

常に前向きなチャレンジ精神の姿勢を崩さないことが大切なのは、将棋の世界だけでなく、勝負を競うプロ野球や長期存続経営の視点が大切な企業経営でも同じである。

(2) 諦めずにチャレンジする心

王貞治さんは、「男というのは年齢に関係なく、何かに向かってチャレンジする、それができるということが一番大切なことではないかと思うのです」、「いいこともわるいことも過去をひきずってはいけない。常に新しいことにチャレンジしていかないと。昔と違って、時の流れも速いですからね」と語っている。

プロテニス選手として活躍された松岡修造氏は雑誌「致知」の誌上で、世界の頂点に立つ選手に共通するものとして、次のように述べている。

「それぞれ選手の性格も違うのでいろいろな要素があると思いますが、共通しているのは「挫折」した経験があるということだと思います。しかも、途轍もない挫折です。それが最終的には一番の力になる。だから、挫折を愛している人ほど強いですね」、「もう一つ共通しているのは、諦めない心。ただ単に試合で負けそうなときに最後まで諦めないということはもちろんですが、周りから何を言われようとも、自分の持っている才能や武器を信じて諦めない。これだっていうものを貫き通せる。それもまた、本当の強さになると思います」。

このように両者とも、夢に向かって最後まで諦めずに貫徹することの重要性を強調されている。

(3) チャレンジすることで生き残る

ヤクルト時代に名捕手と言われた古田敦也さんは、対談の中でこう語っている。
「どこかに「駄目もと」みたいな感覚がないと、新しいことにはチャレンジできないですよね。守る気持ちばかりだと、どうしても新しい試みはできないし、それでは個人もチーム全体も伸びていけないと思います」。

捕手から見た伸びる投手像については、「ピッチャーは新しい球種を覚えるのをすごく嫌がる人が多い。やはり自分の得意な球にこだわる。新しい技術を手に入れることを非常に怖がる人が多いのですよね。でも、やはりちょっとずつでも新しい技術を試して覚えていっている人の方が、結局は残っているのです」。

いまはデータ野球の時代なので相手打者も投手の癖なり球筋を研究されている以上、生き残るためにはピッチングフォームや球種の微調整は不可欠である。

イチローが大リーグで10年連続200安打、年間262安打を放ち、大リーグ記録を塗り替えたのは記憶に新しい。メジャーでのこうした大記録の達成は、毎年スイングフォームの微調整、修正に積極的に取り組む努力なくしては、不可能だっただろう。また怪我による長期欠場を回避するため、日々行うトレーニングルームでの鍛錬、体調管理も記録達成を支える大切な要素である。

19. フェアプレーの精神

(1) フェアプレーとは

スポーツの世界ではルールや規則を遵守するのは当然のことであるが、審判の判断を尊重しながら、お互いに気持ちよく全力でプレーをするフェアプレー精神、スポーツマンシップも大事である。その意味ではプロ野球やサッカーなどで、相手方に対し汚い野次を飛ばしたり、揶揄するような行為はいただけない。

個人プレーが主体で、原則として審判員が介入しないゴルフについては、ルールやマナーの遵守といったフェアプレーの精神、ジェントルマンシップが求められているスポーツと言える。ゴルフ規則によると、「ゴルフは殆どの場合、レフェリーの立ち合いなしに行われる。また、ゴルフは、プレーヤーの一人一人が他のプレーヤーに対して心配りをし、ゴルフの規則を守ってプレーするというその誠実さに頼っている。プレーヤーはみな、どのように競い合っているときでも、そのようなことに関係なく、礼儀正しいスポーツマンシップを常に示しながら、洗練された立ち振る舞いが行われるべきである」と記述されている。

日本サッカー協会の行動規範では、ルールの遵守や相手の尊重と並んで、フェアプレーの精神が記載されている。フェアプレーとは、一にルールを正確に理解し守ること、二に安全プレー、公平性、楽しくプレーを目指したルールの精神を理解すること、三にレフェリーに敬意を払うこと、四には相手に敬意を払うことであるとされている。

筆者が主張する「保安なくして　経営なし」の精神に基づく自主保安活動の徹底は、企業経営におけるフェアプレー精神の具現化と言ってもいいのだろう。

(2) 古き良き伝統・文化の継承

こうしたフェアプレーの精神は歴史的にみると、江戸時代に確立した武士道の精神に通ずるものがある。江戸時代末期に日本を訪れた外国人の記録を見ると、庶民の識字率の高さ、マナーの良さ、清潔さに感心している記述が多い。そんな一人にトロイアの遺跡を発掘したことで有名なハインリッヒ・シュリーマンがいる。㈱石井鐵工所の石井宏治社長のご母堂和子さんが翻訳された「シュリーマン旅行記　清国・日本」（原文仏語）によると、シュリーマンは中国訪問後、明治に変わる3年前の1865年6月から3か月間、幕末の日本に滞在している。

日本への印象記としては、「日本人が世界で一番清潔な国民であることは異論の余地がない。どんな貧しい人でも、少なくとも日に一度は、町の至るところにある公衆浴場に通っている」、「この国には平和、行き渡った満足感、豊かさ、完璧な秩序、そして世界のどの国にもましてよく耕された土地がある」と述べている。つまり外国人から見て、江戸時代においては、下級武士、庶民の生活は貧しいながらも、清く、美しいと思わせる行動様式があったということなのだろう。

「彼ら（日本の役人）に対する最大の侮辱は、たとえ感謝の気持ちからでも、現金を贈ることであり、また彼らのほうも、現金を受け取るくらいなら「切腹」を選ぶのである」とまで記述されているのをみると、いまはかっての美風、美徳が完全に失われてしまったのではないのかと、危惧したくなる。

江戸時代の庶民に対する見方については、歴史学者の磯田道史も同様である。「無私の日本人」の中で、「江戸時代、特にその後期は、庶民の輝いた時代である。江戸期の庶民は、親切、やさしさということでは、この地球上のあらゆる文明が経験したことがない美しさをみせた。倫理道徳において、一般人が、これほどまでに、端然としていた時代も珍しい」と絶賛されている。

プロゴルファーのトム・ワトソンは、日本経済新聞「私の履歴書」の中で、富士山のふもとで行われた太平洋マスターズ・トーナメントに出場した際に、タクシーの中に上着を置き忘れたが、ゲーム終了後にはゴルフ場に届けられていたことに驚いたと語っている。「この出来事に私はいたく感動した。そして「これこそ、人としてあるべき道なのだと思った。つまり、他人の物は、その人のものであり、決して自分のものではない、と日本では考えられている」、「だから、私は今でも日本という国がとても好きなのである」。こうした古き良き伝統、世界に誇れる文化は、ぜひとも継承していきたいものである。

春夏の甲子園を目指して日々練習を重ねる高校野球は、ある意味で日本文化の原点、源流ともいえるだろう。

甲子園通算50勝を達成した元横浜高校監督の渡辺元智さんは、文芸春秋誌上でこう語っている。

「高校野球は「我慢」や「耐える」ことを教えるものだと思うんです。チーム一丸となりながら汗水垂らしてひとつひとつ努力して目標に向かって行く。全

夏の甲子園球場

員がレギュラーになれるわけではないけど、そうやって努力したり、我慢してきたことはきっと役に立つ」と述べた後、「生徒と一緒に野球をやり、やがて育った選手が「先生、監督」って迎え入れてくれる。そういうことが一番の喜びですね」。

明治初期に欧米諸国に派遣された岩倉使節団は、日本が西洋化の波に飲み込まれそうになりながらも、近代国家のあるべき姿を学ぶとともに、したたかに伝統を守り独自の文化を築く礎をつくりあげた。こうした明治人の気概と見識に思いを致し、これからも礼節とモラルに優れた日本の伝統と文化をしっかりと継承していきたいものである。

「歴史・過去は未来の預言者である」という言葉がある。私たちが自国の歴史、文化、伝統の価値を学ぶことで、日本の新しい活路、生き筋が見えてくるのではなかろうか。

本章では、大谷翔平、松井秀喜をはじめとするプロ野球選手の技や技術を様々な角度から見てきた。チームプレーで勝利を目指すプロ野球のチームにとっては、各々の選手の優れた能力を最大限に発揮することが求められている。同様に社員のチームワークで持続的成長を目指す企業にとっても、人材の能力向上、パワーアップは不可欠である。本章の記述が多少なりとも企業経営にとり参考になることを期待している。

第三章

プロ野球の発展を支える条件整備

1．危機管理意識・体制の確立
2．審判の技術・技の向上
3．高校野球にみるフェアプレーの精神
4．野球の非効率性とドラマ性

第三章 プロ野球の発展を支える条件整備

監督の采配のもとに、選手が球場で華麗なるプレー、素晴らしいチームプレーを発揮し、野球ファンに感動や興奮を与えるためには、それを支える条件整備が不可欠である。以下では、プロ野球の発展を支えるソフト面及びハード面での課題について検証していきたい。

1. 危機管理意識・体制の確立

監督の仕事は、「危機管理が最大の仕事」とはよく言われることだが、これとは真逆の指示行為を行ったのは、アメリカンフットボール日本大学の内田監督だった。関西学院大学との定期戦で日大選手が、パスを終えて無防備な選手を背後からタックルし、負傷を負わせたのは、言い訳のできない反則行為だった。試合後に行われた記者会見で、悪質なタックルを仕掛けた日大の宮川選手が、「内田監督、井上コーチの指示だった」と、正直に告白したのである。

敵将の関学大の鳥内監督は、「宮川選手の行為そのものは許されるものではないが、勇気を出して真実を語ってくれたことには敬意を表したい。立派な態度だった」と。これに対し、日大当局の対応は記者会見の先延ばし、情報の小出しなど言い逃れに終始したのは、危機管理という点では最悪の対応だった。

危機管理の基本は、「先ず事実関係を明確化し、何が真実かを明らかにしたうえで、トップが直面する事実から逃げずに正面から対応すること」である。その点で、日大アメフト部を巡る当局の対応は、真逆のものだった。

日大の対応は厳しく問われるべきだが、今回の不祥事を日大固有の封建的かつ特異な体質によるものと、断じるわけにはいくまい。日本社会の底流には、組織管理に軍隊的規律を求める気質が脈々と流れていると思われるからである。

山本七平の名著「空気の研究」では、「日本において、人の思考、決定を左右しているのは空気である」とし、その場の雰囲気、空気こそが人の思考を停止させる陰の主役になっていると指摘している
上記の悪質な反則行為については、アメフトだけの特有の問題ではなく、他のスポーツ、野球の世界でもありうる話である。本件を日大特有の体質上の問題として捉えるのではなく、スポーツ界全体の横断的な課題、「他山の石」として受け止め、危機管理意識・体制

を整えていく必要がある。

プロ野球でもかって、ベンチのコーチが投手に向かって頭を指差す仕草をして、「打者の頭にぶつけろ」と指示したとして問題になったことがある。その後、様々な議論を経て、1994年からセ・リーグでは、故意か過失かに関係なく打者の頭部付近への死球を危険球による退場処分とし、2002年にはパ・リーグも同様の判断になったが、当然の措置と言える。

一方、2018年8月にはアマチュアボクシングを統括する日本ボクシング連盟の山根明会長が不祥事の責任をとり辞任するとの報道があった。不祥事は助成金の不正流用、審判への不当な圧力、暴力団組長との交流などの疑惑によるものである。レスリング界では伊調馨選手に対するパワーハラスメントがあった。昨今のスポーツ界で続出する不祥事を見ていると、歪んだ勝利至上主義による不祥事のタネが蔓延しているのではないかとの危惧の念を抱かせる。

昨今は製造現場でも品質管理面での不正、検査体制の不備などの不祥事が生じている。日本電産会長兼社長の永守重信氏は、日経ビジネス誌上で「現場で不祥事が起きる要因は、「慣れ」、「甘え」、「疲れ」、「タコつぼ化」の四つの要因にある」と指摘した後、経営者が現場に緊張感を持たせる経営をする必要性を説いている。

いまの時代、スポーツの世界だけでなく、企業社会をはじめあらゆる組織において、不祥事を撲滅する危機管理意識・体制の整備は欠かせない。今回の日大アメフト部による反則行為やアマチュアボクシング団体等の不祥事については、特殊なケースとみなすのではなく、スポーツ界全体、ひいては日本の企業組織全体に係る問題として捉え直す必要があるのではなかろうか。

2. 審判の技術・技の向上

野球は審判の役割が極めて大きいスポーツである。一つひとつのプレーに対し、審判の判定が下されるからだ。そこで審判を巡る話題・エピソードについて、以下に記述してみたい。

(1) 誤審を避ける努力

昨年（2018年）6月22日のオリックス対ソフトバンク戦では、3対3の同点で迎えた延長十回二死一塁。オリックス近藤投手が投じた球をソフトバンクの中村選手が右翼ポール際に運んだ。当初の判定はファウル。日本経済新聞記事によると、打った本人も「ファウルだと思った」と悔しそうな表情を見せたが、工藤監督によるリクエスト要求でリプレー検証の結果、本塁打に覆り勝ち越しを許す結果になった。ところが試合後、この判定に不服を唱えたオリックス福良監督の意向を踏まえ、「再検証した結果、ファウルでした」と審判団は誤審を認めて、オリックスに謝罪したという。オリックスは再試合を要求したようであるが、野球規則では認められないということだった。

こうした誤審は、プロ野球に対する信頼感を損ねるものであり、絶対に回避されねばならない。人間の目に限界があるとしたら、将来的には微妙な判定は人口知能（ＡＩ）に委ねることも検討すべきであろう。

(2) 審判技術の向上

プロ野球の試合を見ていると、審判ごとにストライクゾーンが微妙に異なるようだ。高めには甘いが、低めには厳しいタイプ。アウトコースには辛く、インコースに甘いタイプなど様々である。こうした審判の癖を見抜くのも捕手の仕事と言える。

プロ野球の華麗な世界を裏方で支える審判生活を４０年以上にわたり続けた元セ・リーグ審判部長の島秀之助氏は、著書の中で審判の仕事についてこう述べている。

「審判の難しさは、この仕事をした人でなければ分からないと思う。審判技術や心構えは広範囲にわたるものであり、短時間で身につけようと思っても、それは不可能である。この仕事から身を引く日まで努力・勉強の連続であって、原則に基づいて一つひとつを忠実に覚え、経験を積むことが何よりも大切である。短時間で一躍スターにのし上がる選手はあっても、審判員は絶対にそんなことはありえないし、また例をみたこともない。名審判と言われた人の力は、いずれも広範囲にわたる審判技術の心構えを長い間の努力の研鑽で身につけた賜物であると思う」。

(3) 審判に必要な体力、視力

日本プロ野球選手会によるベストアンパイアに12年連続で輝いたのが、プロ野球審判員の名幸一明さんである。名幸さんは、捕手としての経験もあることから、「ストライクゾーンのぶれがない」、「初回から9回まで、ストライクとボールを同じ基準でとる」ことが、選手たちに大きく評価された。

その名幸さんが一番大切なこととして挙げたのが、「先ずは体力、視力。しかし、本当に大切なのは、選手や監督との信頼関係を築く人間性だと思います」と述べた後、ストライク、ボールの判定基準については、「最初に打者が構えてから打ちに行く姿勢のときに、ストライクかボールの判定をする。高低からいくと、打者の肩の上部からズボンの上部(ベルト)の中間点、それが高さの基準で、低めは膝頭の下部を通ればストライクである。コースのホームベースは横が43センチなので、かすればストライクである。当然ことながら、打者によりストライクゾーン、特に高低は変わってくる。背の高い人は低い人より、ストライクゾーンは広くなる」と。

それにしても球審の構え、姿勢を見ていると、中腰であり決して体にいい構えではないので、腰やヒザへの負担が大きいようだ。そこで名幸さんは、「僕の場合、お風呂になるべく長目に入り、体を温める。あとは走り込みしたり、ストレッチをやったり。マッサージにもよく行きます」と語っている。審判員も選手同様に、体づくりが欠かせないということがよく分かる。

(4)「私がルールブックだ」

ボールか、ストライクか、アウトかセーフか、を巡る審判のジャッジは、筋書きのない野球というドラマに様々な影響を及ぼしてきた。審判の名言と言えば、元パ・リーグ審判部長二出川延明氏の「私がルールブックだ」との発言が有名である。

昭和34年（1959年）、後楽園球場で行われた大毎対西鉄戦では、大毎の小森選手の二塁への走塁に対し、塁審が「セーフ」と判定。これを不服とした西鉄三原監督が「同時だからアウトだ」と猛烈な抗議を行い、20分間もの中断に及んだ。そこに登場したのが、審判控室から成り行きを見守っていた二出川さんである。歩み寄るなり、「同時はセーフ。この私がルールブックだ」と一蹴し、知将と言われた三原監督もすごすごと引き下がったという。「私がルールブックだ」とは、歌舞伎役者の名場面を見ているようで、正に胸のすく言葉である。ビデオ判定など技術が進歩している現代にも通用するかどうかは別として、権威ある、威厳に満ちた、あるべき審判像の一端を示しているように思われる。

正確な判定を求めるなら、人ではなくロボットに代行させるのも一案であろうが、あえて人が行うのは、人間が機械にはないものを有しているからだろう。ファンも審判の確固たる判定に喝さいをおくり、相手チームも納得したのも、プロ審判の演出家としての自信と誇りに対する敬意なのだろう。

審判は機械ではない以上、万能ではなく、ミスもする。従って、野球のルールブックは、審判の裁定について次のように規定している。

「打球がフェアかファウルか、投球がストライクかボールか、あるいはアウトかセーフかという裁定に限らず、審判員の判断に基づく裁定は最終のものであるから、プレーヤー、監督、コーチ、または補欠が、その裁定に対して、異議を唱えることは許されない」。

ただ2018年シーズンからは、監督が審判の判定に異議のある場合には「ビデオ判定によるリプレー検証を求めること（リクエスト制度）ができる」という新ルールが適用されることになった。技術進歩をルールに取り入れることで、双方に不満が残らない形でより合理的な判定ができるようになった。

3. 高校野球にみるフェアプレーの精神

日本高等学校野球連盟（高野連）のマークはアルファベットの「F」をアレンジしたものであるが、そこには三つのFの頭文字が込められている。

フェアプレー（正々堂々）
ファイティング・スピリット（闘争心）
フレンドシップ（思いやり）

この三つこそ、野球発祥の国、アメリカの野球の精神であると、元メジャーリーガーの吉井理人さんは解説している。

日本の代表チームが米国遠征で、二塁走者が捕手のサインを打者に伝えていたことに対し、米国チームがひどく怒ったそうである。

米国ではサインを盗むというのは野球本来の精神から逸脱した、恥ずべき行為とされているからだ。日本では当たり前のようにされている行為が、米国ではフェアプレーの精神に反するものとされている点については、理解を深めておく必要がある。

このほか、大量得点でリードしているときの盗塁もメジャーでは許されないし、また打者がフルカウントからフルスイングすることも、紳士的ではないとみなされる。これは、大量失点で戦意を喪失して相手チームに対してつけ込むような戦い方はフェアではないとの考えによるもの。国際交流が進む中で行われる試合では、心得ておくべき諸点である。

4. 野球の非効率性とドラマ性

(1) 長すぎる試合時間の妥当性

日本プロ野球機構（ＮＰＢ）のホームページを見ると、過去２０年間の公式試合時間が掲載されている。それによると、平均試合時間（９回試合のみ）は、３時間１０分程度である。

高校野球の試合時間は約2時間と言われているので、1時間以上は長い。甲子園球場での高校野球の場合は、一日の予定は試合2時間、選手の入れ替え・試合前練習３０分で組まれている。厳しい猛暑の中でのプレーヤーの高校生のきびきびした動作、審判への礼儀作法には、すがすがしい感じがするのは筆者だけであろうか。

一時期プロ野球人気に陰りが生じたころに、その原因について調査したアンケート（スポーツマーケッティング基礎調査　２０１０年）によると、先ず第一位の理由として、「サッカーなど、他のスポーツが浸透してきた」が挙げられている。次に高い理由は、「スピード感がない。一試合がダラダラと長い」という不満である。時間の流れが速くなってきている現代において、3時間を超えて球場で観戦する、或いはテレビ中継を見続けるというのは、酷なのではないかと思われる。

ちなみに今から60年前の1959年（昭和34年）6月に行われた天覧試合は、主審の島秀之助さんが「まるでつくられたドラマのような試合であった」と述懐されているように中味の濃いものだった。それでも試合時間は2時間10分にすぎない。半世紀を経て野球がかくも時間のかかるスポーツになってしまったのは、残念である。

プロ野球の試合時間が長くなる背景には、投手交代に時間がかかる、投手の投球の間合いが長すぎる、バッテリー間の意思の疎通に時間がかかるなどの要因が挙げられる。こうした行為を多少なりとも改善すれば、高校野球並みに効率的に行うことは可能だと思うのだが、どうだろうか。

日本経済新聞のコラム欄で権藤博さんは、「プロ野球もサービス業の一種だから、お客様第一でやっているはずだが、投球のテンポを見る限り、自分たちの都合しか考えていない、と見られても仕方がない」と述べ、お客様目線での試合時間短縮を提言している。

いずれにしても、全体的に時間の流れが速くなってきている現代においては、試合時間は3時間以内、理想は2時間半程度ではないかと思われる。

両軍ともにテンポよく投げ込むエースピッチャーが登板したケースでは、試合時間は2時間程度で終了するケースもあるので、決して無理な目標ではないと思う。

余談であるが、報道によればゴルフもプレー時間の短縮を目的にして、2019年からはルールの近代化による大改訂を実施する。例えば、見つからない球を探す時間は五分と決められていたが、これを三分に短縮する。歴史や伝統に囚われず、プレー時間を短縮するという理念を象徴するものと言える。

(2) 非効率さがドラマを生む

慶応義塾大学教授の中島隆信氏は、著書の中で「野球の試合ではほとんどの選手が動いていない。試合の制限時間がない」などの特徴をあげ、野球の非効率性を指摘した後に、「個人競技的要素があること及び観戦しやすいことの二つの要素が非効率性をドラマへと劇的に変えてしまうのである」と述べている。そして、「野球の非効率性は他のスポーツにない差別化された特徴である。それを改善するのではなく、むしろうまく見せることによって感動のドラマへ形を変えることができる」、「つまり、野球は登場人物がはっきりし、ストーリーが見えやすく、結果が分かりやすい誰もが楽しめるドラマなのである。さらにそのストーリーに紆余曲折があればあるほど、そこに大きな感動が生まれるのである」と指摘し、野球の非効率性の持つ意義を逆に評価されている。

中島教授の議論は、甲子園球場で競われる高校野球を念頭に置いたものであるので、そのままプロ野球に当てはめるのには抵抗があるが、逆転の発想で野球の持つ非効率性を上手にドラマ化するようなプレーが続出するのであれば、観衆も見飽きることはないのかもしれない。

野球は「間（ま）のスポーツ」である。ゲームの中で実際にボールが動いている時間は、20分程度と言われている。仮に試合時間が3時間20分（200分）とすると、10％に過ぎない。試合中はボールが動き続けているサッカーとの差は、大きいものがある。

（3）甲子園大会の特殊性と課題

甲子園球場で行われる全国高校野球選手権大会は、トーナメント制で競われるので、負ければ終わりの一発勝負の世界である。それに対し、プロ野球は年間143試合をリーグ戦で戦うので、大差がつけば、負け試合と観念し力を抜くこともできる。高校野球には捨て試合はないので、最後まで負けてなるものかと死力を尽くす。そこに甲子園独特の「野球の神様」が登場し、様々なドラマを生んだとも言える。

2018年の夏の甲子園大会は、秋田の金足農業高校の予想を超える活躍、旋風で幕を閉じた。決勝戦後の講評で、日本高等学校野球連盟会長の八田英二氏は「秋田大会から一人でマウンドを守る吉田投手を、他の選手が守り立てる姿は、目標に向かって全員が一丸となる高校野球のお手本のようなチームでした」と語っている。ただ、会長から賞賛された吉田投手が秋田大会から一人で投げ抜いた球数は、1、517球にも及ぶとのことなので、健康面への影響はなかったのだろうかと、ふと不安になる。

総入場者数が100万人を超えるなど人気の衰えない高校野球だが、猛烈に暑い夏の大会については、選手にかかる負荷、負担の大きさを考慮すると、涼しい秋に順延することはできないのだろうか。歴史と伝統のある夏の大会だけに日程調整は簡単ではないのだろうが、あくまで選手や関係者の安全第一主義で運営して欲しいものである。

日本高校野球連盟によると、全国の野球部員数は15万人強で4年連続の減少、加盟校も3、971校と13年連続で減少中とのことだ。少子化に加えて、サッカーなどスポーツの多様化が背景にあると見られている。

高校野球の厚みとレベルの高さこそ日本が世界に誇る財産であるとすれば、青少年層の幅広い開拓が今後の課題である。

5．天然芝への回帰が課題

メジャーリーグの球場は、天然芝を敷き詰めたグラウンドが多い。これは、選手からの要望や、スリリングなプレーを楽しみたいファンからの希望によるものである。

メジャーリーガー時代に野茂英雄さんは、人工芝との違いについて、こう述べている。「天然芝というのは人工芝に比べると全然、弾力が違いますからね。地面に衝突したときのショックを和らげるだけでなく、足への負担も軽減してくれるのです。スライディングをしたときに、人工芝のように火傷を負ってしまうことも絶対にありません」。

それに対して、日本の場合、雨期が長いことから天候に左右されないメリットのあるドーム型の球場が多く、人工芝のグラウンドが殆どである。人工芝はグリップ性が高く、選手の運動効率を向上させる半面、膝や足首への負担が大きい。人工芝でのプレーは、選手生命を三年程度縮めると言われている。

松井秀喜がメジャーリーグに行った背景には、世界最高峰のメジャーで自分の力を試してみたい気持ちもあったが、もう一つの理由として東京ドームの人工芝の問題もあった。「自分みたいな100キロの人間がダイビングキャッチをしたら、間違いなくケガをしますよ」。守備にこだわりを持つ松井としては、メジャーでよくみられるダイビングキャッチをしたいとの気持ちも強かったのだろう。人工芝の材質はナイロンとかポリプロピレンなどの化学繊維だが、人口芝の下はコンクリートなので、スライディングすると、人工芝との摩擦で火傷し、大けがをする要因にもなるようだ。

興行を優先する日本では、天然芝球場は、甲子園球場やマツダスタジアムぐらいになってしまったが、メジャーリーグのようにファンをうならせるスーパープレーの見られる天然芝球場への回帰も、今後の大きな課題である。イチローがメジャーリーグにこだわるのも、人工芝が主流の日本の球場の問題もあるのかなと思われるのだが、どうだろうか。

第四章

プロ野球を取り巻く環境変化への対応

1．女性ファンなど観客層の多様化
2．サッカー、ラグビーなど他競技との共存共栄
3．野球層の裾野を広げる努力
4．地域に密着した球団チームへの進化
5．ファンに夢と感動を与えるプレーやゲーム展開

第四章　プロ野球を取り巻く環境変化への対応

プロ野球を取り巻く環境は、ここ数十年で大きく変わった。先ず、テレビ中継が地上波で放送されることが大きく減少し、ＢＳ放送やＣＳ放送で中継することが多くなった。一昔前は巨人戦が主力であったが、今は巨人戦に限らず、放送されるようになってきた。少子高齢化、経済社会のグローバル化が進展する中で、プロ野球が生き残っていくためには、以下の諸条件をクリアしていく必要がある。

1．女性ファンなど観客層の多様化

（1）女性ファンの増加

プロ野球の観客動員数は近年増加傾向にあるが、これは子供に加え、女性ファンが増加していることが大きな要因ではないかと思う。女性ファンなどの増加傾向について、古葉元監督の意見を求めたところ、「子供がお母さんに野球を見に行こうといったとき、お母さんが行こうと言わなければ子供は来られませんし、デートで男性が野球を見に行こうと言ったとき、女性がついていくと言わなければ、その男性は来られないですよね。それだけ女性が野球場に足を運んでくれるようになったということが、今の野球の繁栄につながり、観客動員数を伸ばしていると思います」と。これからのプロ野球は、女性ファン、家族連れに楽しんでもらうことを心掛けていく必要があるのだろう。

野球好きの女性ファンへの取り組みは、広島カープが先導役を果たした。広島カープを熱心に応援する女性を「カープ女子」と呼び、積極的に支援活動を行い、成功をおさめた。これに刺激を受け、他球団も力を入れ始め、オリックスは「オリ姫」、ソフトバンクは「タカガール」と呼称し応援するなど、新しいファン層の拡大に努めている。

驚いたのは球団主催による関東在住のカープ女子の観戦ツアーである。往復の新幹線の料金を球団が負担し、様々な特典のついた野球観戦を楽しんでもらおうという企画だ。こうした球団の努力もあってか、東京ドーム、神宮球場など関東の球場にもカープ女子が続々と押し寄せてきているのは、時代の流れ、今の広島カープの勢いをそのまま反映している。

カープ女子ブームの火付け役となった作品が、漫画家石田敦子さんの「球場ラバーズ」である。カープの魅力、カープによって生きがいを見つけ、成長していく女性たちの姿を描いた同書は、カープの応援漫画であると同時に、人生の応援漫画でもあった。

（2）ボールパーク化の流れ

野球場が単に観戦することを目的とした場から、訪れた人が楽しめる場（ボールパーク）に変わりつつある。ボールパークとは、「試合観戦だけでなく、球場の内外で様々なイベントやグルメ、買い物を楽しめる野球場」である。米大リーグでは、１９９０年代以降に完成した球場の多くで、ボールパークの要素を取り入れており、来場者の裾野拡大や球場周辺の賑わい創出につなげている。

２００９年に完成した広島のマツダスタジアムは、内外野総天然芝のグラウンドで、地面に近い視点でプレーを間近に見られる砂かぶり席や、巨大な座椅子で横になれる寝ソベリアなど、多様なチケットがある。さらに、公認のただ見エリアもあるし、新幹線から球場内が見えるようにレフトスタンドが低く設計されているなど、メジャースタイルの創意工夫が凝らされている。

仙台のコボスタ宮城は、球場に併設された観覧車から絶景やプレーも楽しめる工夫がなされ、親子連れでにぎわっている。

また、２０２３年に北海道北広島市に建設される予定の日本ハムの新球場は、周辺に商業施設を併設する米国流のボールパークを目指している。

こうした動きは地方だけでなく、首都圏でも顕在化している。横浜ＤｅＮＡの本拠地の横浜スタジアム、千葉ロッテの根拠地のＺＯＺＯマリンスタジアム、埼玉西武の本拠地のメットライフドームでも球場内外のエンターテイント性を高める取り組みを始めている。テレビやネット配信では味わえない楽しさを演出し、来場者数を増やす計画である。

　こうした試みが功を奏し、セ・リーグの観客動員数が２０１７年に初めて１、４００万人を突破し、プロ野球の観客動員数は増加してきている。（図表2参照）ただ、球場で開催されるプロ野球の試合数は年間７０程度なので、ボールパークのもう一つの狙いは、試合の有無にかかわらない年間通じた賑わいづくりである。「球場のボールパーク化は、野球本来の魅力を否定するもので如何なものか」との否定的な意見もあるようだが、時代の流れやファンのニーズに沿った対

図表２：セリーグとパリーグの年度別入場者数（1950 ～ 2018）

年度	セントラル・リーグ			パシフィック・リーグ		
	試合数	入場者数	1 試合平均	試合数	入場者数	1 試合平均
1950	553	2,462,000	4,452	420	1,744,200	4,200
1960	390	5,304,159	13,600	402	2,800,302	6,966
1970	390	6,542,750	16,776	390	3,038,530	7,800
1980	390	10,322,000	26,467	390	5,797,500	14,900
1990	393	12,020,000	30,585	390	8,609,000	22,100
2000	407	12,873,500	31,630	405	9,567,500	23,600
2005	438	11,672,571	26,650	408	8,252,042	20,226
2010	432	12,308,022	28,491	432	9,832,981	22,762
2015	429	13,510,900	31,494	429	10,726,020	25,002
2016	429	13,848,988	32,282	429	11,132,526	25,950
2017	429	14,024,019	32,690	429	11,115,444	25,910
2018	429	14,235,573	33,183	429	11,315,146	26,376

（出所）日本野球機構 HP

応と考えれば、合理性があるのだろう。

2. サッカー、ラグビーなど他競技との共存共栄

(1) 共存共栄の可能性

昨今はサッカー、ラグビーなど他のスポーツの人気が高まる中で、プロ野球は数あるエンターテインメントのひとつになってきている。また、球団チームの人気も分散化する傾向にある。

しかし、そのことは競技間、球団間の競争を激しくし、提供されるサービスの魅力を向上させ、スポーツ市場を活性化させる可能性を有している。近年における広島カープ人気の高まり、カープ女子の出現は、新たな熱狂的なファンを生み出している。地元のマツダスタジアムだけではなく、首都圏の神宮球場、東京ドーム球場でも広島戦では観客席がカープカラーの赤一色で染まるゾーンが拡大してきている。

プロ野球の観客動員数で伸びを牽引しているのは、セ・リーグでは広島カープ、ＤｅＮＡ、パ・リーグではソフトバンク、オリックス、楽天である。比較的最近、球団の親会社が変更になったり、若しくはホームスタジアムを一新させた球団が多いという特徴がある。

プロサッカーリーグJリーグは、1993年（平成5年）に川渕三郎氏が初代チェアマンとなって、正式に発足した。スポンサー企業はプロサッカーチームに資金提供するが、チーム名に企業名をつけないのが原則になっている。

欧米のプロスポーツは、地域を代表するプロチームという認識が強く、企業やオーナーは資金を提供するが、表面には立たないという伝統があるので、こうした精神を日本のプロサッカーでも採用したことになる。こうした地域密着型のプロサッカーチームの運営は地域のファンを増加させ、地域の活性化にも貢献している。

プロ野球界でも、Jリーグの地域密着型の成功例を参考にしながら、球団の地域志向が強まってきている。今後もお互いに切磋琢磨し、スポーツ全体の興隆につなげていってもらいたいものである。

（2）野球は個人記録のスポーツ

野球には他の集団競技にはない特徴がある。それは個人記録のスポーツということである。他のスポーツ、例えばサッカーにはチームの勝敗以外に個人記録というものは殆ど存在しない。というのはサッカーには一人でできることがほとんどなく、得点ですら、記録上は最後にボールに触れた選手のものになる。ただ、それが生まれる過程には、先ず敵からボールを奪った選手、選手からパスを受けてさらに前方にパスを出した選手などが様々に存在しているので、実際は誰の得点なのか、得点の貢献度は誰が高いのかがよく分からない。この点は他の集団競技のラグビーやアメリカンフットボールでも共通することである。

しかし、野球の場合にはそれが可能となる。サッカーと同様にチーム間で勝敗を競うわけだが、基本的には投手と打者の一対一の勝負で成り立ち、一つひとつのプレーが独立したプレーとして行われるからだ。その意味では、野球は個人スポーツでもある。ホームラン、ヒット、三振、打点、盗塁、エラーなど。あらゆるプレーが事細かく記録されるスポーツは野球のほかにはない。

以上の指摘は海老沢泰久氏の著作からの引用だが、当を得たものと思われる。野球がどの他のスポーツよりも想像力をかきたててやまないのもこうした個人記録の存在と無縁ではない。ここにこそ、野球が将来とも生き残るチャンスが大いにあるということだろう。

(3) ファン気質の違い

野球ファンとサッカーファンとの気質には差があるのではないかなと漠然と考えていたら、「カープの美学」(迫勝則著)で謎が解けた感じがした。

「日本のスポーツファンは、野球型とサッカー型に大別されるように思っている。なぜそうなるかと言うと、野球とサッカーでは、リズムが違うからである。例えば、時間の制約がない野球では、試合がゆったりと進行し、集中力もルースになる。その気楽さはアメリカ的であり、どこかハンバーガー的である。これが、日本で普及する要因にもなったような気もする」、「一方のサッカーは、定められた時間内で勝負するスポーツである。おまけに人間生活で一番便利な手を使うことができない。その厳格なルールや組織性は、欧州的である。フレンチのフルコースとでも言えよう。つまり、野球型とサッカー型の人は、ほぼ反対の方向に向いており、同じ人ではありにくいのだ」と。

このように野球ファンとサッカーファンの気質が違う、ファン層の相違があるとすれば、お互いに共存していける可能性は大きいと言える。

アンケート調査によれば、「最も好きなスポーツ」、「よく観るスポーツ」としては、野球とサッカーが上位を二分している。このことからも分かるように、今後も両者が共存していけるものと考えられる。(図表3参照)

図表3:「最も好きなスポーツ」「よく観るスポーツ」

順位	最も好きなスポーツ(単数回答)		よく観るスポーツ(複数回答)	
1	野球	17.1%	野球	34.9%
2	サッカー	11.1%	サッカー	28.5%
3	テニス	5.1%	スケート・フィギュアスケート	16.5%
4	ウォーキング	4.6%	テニス	14.5%
5	スケート・フィギュアスケート	4.5%	水泳	11.5%

(出所) 三菱UFJリサーチ&コンサルティングとマクロミルによる共同調査 (2018年)

3. 野球層の裾野を広げる努力

プロ野球選手がオフシーズンに入ると、地方の野球教室に招かれる機会も多くなる。そこで気づかされる現象として指摘されるのは、最近、キャッチボールをできない子が多いという。

広島カープの名セカンドの菊池涼介さんは、キャッチボールの意義についてこう語っている。

「僕も子供のころ、毎日、キャッチボールをするのが楽しかった。それが野球にのめりこんでいった原点だ」、「キャッチボールはコミュニケーションの手段としてもいいと思う。家族や友達でまず楽しむ。その楽しさが刷り込まれれば、おそらく子供は自分から毎日するようになるのではないか。そうすると野球が好きになり、どんどん興味がわいてくる。何よりも初めに、子供たちにはキャッチボールを楽しんでもらいたい」。

菊池さんが子供たちのチームを指導する際のポイントについては、細かく「指示しない」ことをモットーとされている。その理由については、「楽しくやれればそれでいいんじゃないかと思う。とにかく野球を嫌いにならないで欲しいという思いだけ。ずっと好きでいるためには、最初は楽しくやらせるのが一番だ。現に僕もそうだった」と。

モチベーションづくりが一番重要であり、そこがうまくいけば、野球人口の裾野が拡がるという考え方には、合理性がありそうだ。

社会人野球を統括する日本野球連盟会長に就任された清野智さんは、エコノミスト誌上で、「野球への興味を幼少期にもってもらうため、子供向けにティーボール（腰の高さほどに筒状の台座に置いたボールを打つゲーム）教室を始めている。野球を通じた親子の会話など再びもってもらえるようにつなげ、ひいては日本の野球全体の底上げにつなげていきたい」と、抱負を語っている。

２０１８年7月の都市対抗野球大会では、大阪ガスが初優勝を飾った。チームの合言葉は、「惟一心（これいっしん）」（心を一つにすればどんな大敵にも勝てる）である。監督の橋口博一氏は、日本経済新聞紙上で「少年野球教室や地域の清掃活動を行っているが、日本一になったのですから、もっと大きな視野と責任をもって、積極的に社会に貢献していきたいです」と語っている。

最近は、各地のグラウンドで小学生向けにサッカー教室が開かれ、活況を呈しているので、少年向けの野球教室も広範囲に行われていけばいいと思う。

プロサッカーのJリーグでは所属するクラブは高校生以下のためのアカデミーを持つよう義務付けられている。これはJリーグを頂点とするサッカー層の裾野を広げ、意欲と能力のある若人が未来を見据えて練習できるようにする仕組みである。野球も基本である「投げる」「守る」「打つ」「走る」の四つの要素を、子供の発育に合わせ、楽しみながら体感できる練習メニューの開発、指導法の充実がなされ、全国各地で浸透していくことを期待したい。

赤坂栄一氏の「プロ野球第二の人生」によると、戦力外通告（注参照）を受けたプロ野球選手ＯＢの中には、好きな野球への思いを託し少年野球への指導に尽力しているケースも出てきている。「野球は人をつくる」。プロ野球で培った経験やノウハウを伝授する機会が増えることは、野球の裾野を広げることに貢献することになるのだろう。

（注）戦力外通告とは、「翌シーズンの契約をしないと選手に対して行う通告」である。新人選手の場合、入団して五年経過しても一軍入りできないと、戦力外通告の対象になると言われている。プロ野球選手は特殊な技能、技を使ってプレーする個人事業主であるので、実績次第で億円単位の収入を得ることができるが、会社員とは異なり長期雇用の契約保証はない。

4．地域に密着した球団チームへの進化

（1）球団経営の健全化

多くのプロ野球球団の経営は赤字状態にあり、親会社からの支援に頼らざるを得ない。このような中で、スポーツビジネスの改革に乗り出し、成功した事例を見ていきたい。

横浜ＤｅＮＡベイスターズの経営状態を見ると、発足した２０１１年度は売り上げ５２億円、赤字２４億円、観客動員数１１０万人、球場座席稼働率５０．４％という悲惨な状態だった。

しかし、五年後の２０１６年には売上１００億円超、黒字5億円超、球場座席稼働率９３．３％と大きく改善している。２０１８年の観客動員数は、２００万人を突破している。（次ページ図表4参照）

２０１１年１２月、新しく設立された球団の社長に就任したのが、池田純氏で３５歳という若さだった。プロ野球やスポーツビジネスにはずぶの素人だった同氏は、スポーツビジネスも普通の会社経営と同じだとしてこう述べている。

「スポーツはしばしば特殊な業界と見られがちですが、経営において特別な知識が要求される領域は極めて限定的で、根本的には一般のビジネス、企業経営と同じです。つまり、どこの会社もやっているように、自社の商品やサービスが顧客にとってよりよいものになるように改善を重ねる。新たなビジネスの種を探してトライ＆エラーを繰り返す。それが原則です」。

球団経営が普通の会社と違う特徴については、次の三点を挙げている。

「最大の特色の一つは、常にメディアで大きく報道されるということです。二つ目の特殊性は、毎年、同じサイクルで繰り返すビジネスモデルだという点です。三つ目が、地域とのつながりが極めて強いことです」。

これら三つの特徴を最大限に活かした改革手法の詳細は、同氏の著書に委ねるとして、チケットのプレミアム化、商品グッズのブランド化・ライセンス化、スポンサーとの信頼関係の強化、放映権の改善などに乗り出した。

さらに横浜スタジアムとの一体化が球団黒字化の鍵を握るとしていた、横浜スタジアムの買収、友

図表 4：球団別 2018 年度の観客動員数

球団		観客動員数
セントラル・リーグ	広島東洋カープ	2,232,100
	東京ヤクルトスワローズ	1,927,822
	読売ジャイアンツ	3,002,347
	横浜 DeNA ベイスターズ	2,027,922
	中日ドラゴンズ	2,146,406
	阪神タイガース	2,898,976
	合　計	14,235,573
パシフィック・リーグ	北海道日本ハムファイターズ	1,968,916
	東北楽天ゴールデンイーグルス	1,726,004
	埼玉西武ライオンズ	1,763,174
	千葉ロッテマリーンズ	1,665,133
	オリックス・バファローズ	1,625,365
	福岡ソフトバンクホークス	2,566,554
	合　計	11,315,146

（出所）日本野球機構 HP

好的ＴＯＢ（株式公開買付け）を達成できたことが、球団経営の健全化そしてチーム力の向上にも大きく貢献した。もちろんチーム力の向上には、新しく監督に就任されたアレックス・ラミレスの采配の妙、大胆な選手起用も大きいものがあった。

２０１８年シーズンのパ・リーグでは、西武ライオンズが１０年ぶりに優勝した。週刊エコノミスト誌では、王者復活を裏方で支えた球団経営に迫っている。ファン第一の球団経営の第一歩として、１０年前から観客をグラウンドに招きいれるイベントを他球団に先駆けて始めたり、４０周年記念では埼玉県内の小学生全員に帽子を配るなど、ファンサービスを充実させた。この結果、観客動員数は着実に増加傾向をたどり、球団は七期連続の営業黒字を続けているのは立派である。

以上の事例からも分かるように、球団経営に当たっては、プロ野球がファンである顧客を楽しませ、夢を与えるサービス産業、エンターテインメントビジネスであるという経営の原点に立ち返ることの重要性を示している。その意味では、産学連携のもとにＩＴ技術を活用したスポーツ経営管理に精通する人材を養成し、野球ビジネスの活性化につなげていくことも急務である。

(2) 地域とのつながりを重視した球団

横浜ＤｅＮＡをはじめ各球団が様々な営業努力をし始めたきっかけとしては、２００４年に起きた球界再編問題が大きかったのではないかと思われる。このときは、プロ野球の二リーグ制がなくなり、一リーグ制に移行するのではないかとの憶測も呼ぶなど混乱、この動きに反発した選手側がプロ野球史上初めてストライキを行った。結局、近鉄バファローズという球団がオリックスブルーウェーブという球団に合併された。その代り、楽天イーグルスという新しい球団が新たに誕生することになったのである。

この一連の出来事が、球界を大きく変えることになり、今までの巨人中心から各球団の軸足が変わることになった。楽天は本拠地に仙台を選び、日本ハムは北海道で、ソフトバンクは福岡で、地域に密着した球団を目指す動きが強まった。その結果、地方にいるプロ野球ファンが分散することになり、ファン層の拡大につながった。

こうした動きは、地上波によるプロ野球の全国中継を減少させ球団経営が成りたたなくなる恐れを招いたため、各球団は野球場にくるファンへのサービスを強化する必要に迫られたのである。

球場の座席についてはグラウンドに立っている目線で観戦できる砂被り席をつくったり、大人数で楽しめる席やテラス席を用意するようになった。またチケットの値段や席も多様化し、試合日により値段が上下するシステムも導入する球団が増えた。

このように各球団によるプロ野球界のサービス向上の動きは、２００４年に生じた球界再編成という出来事に起因する地域に密着した球団づくりが大きく影響しているわけであるが、プロ野球の観客数増加という観点からは、成功しているとみて間違いあるまい。いずれにせよ球団経営の刷新については、セ・リーグではＤｅＮＡ、パ・リーグではソフトバンク、楽天の参入が契機となった。古いしがらみのない新興ＩＴ企業の若さ・活力が、改革推進の原動力となったのである。

(3)「球団経営力」とは

プロ野球球団にとって最も重要なのは「球団経営力」だとする元阪神球団社長の野崎勝義氏は、文芸春秋誌上でこう語っている。

「球団は大きく分けて三つの部門から成り立っています。①グラウンドの選手たちをマネージメントする監督とコーチ、②球団にとり最大の資源である選手を揃える編成（フロント）、③それらを経済面で支え、統括する経営陣。この三者が三位一体になってこそ、チームはうまく回っていく」と述べた後、阪神、巨人など伝統のある球団が経営力を発揮できない背景については、「野球の素人であるサラリーマンオーナー、つまり親会社が現場に口を出し過ぎることです」と。

企業経営でも親会社が子会社の経営に細かく口出ししてうまくいくことがないように、

プロ野球球団でも同じことが言えるのだろう。

ただ、人気球団である阪神や巨人は成績が振るわなくても、集客力が高く黒字経営も見込めるので、リスクを冒してまで新機軸を打ち出す必要がないということかもしれない。

前述した通り近年チーム力が向上し上位にランクインしているのは、セ・リーグの広島カープ、ＤｅＮＡ、パ・リーグのソフトバンク、日本ハムなどであるが、いずれもフロントと現場の一体感が確立されている。

5．ファンに夢と感動を与えるプレーやゲーム展開

日本のプロ野球の一流選手がアメリカの大リーグを目指す動きが強まる中で、プロ野球の今後について危惧する向きもあるようだ。

ただ野球は、個人競技ではなく集団競技であることを忘れてはなるまい。野球が個人プレーではなく、チームプレーによるスポーツである以上、個々の日本人大リーガーの動向よりも、日本のプロ野球チームのペナントレースの行方・動向の方がファンの心をとらえるはずである。問題はいかにペナントレースを盛り上げ、ファンの感動を呼ぶプレーを展開できるかである。

上述した通り、最近の各球団は地域に密着した球団づくりを志向し、様々なサービス活

動を展開している。球団とファンとの結びつきの強化が結果として、チームの監督、選手の発奮材料に繋がり、ペナントレースを盛り上げることになれば、アメリカの大リーグを必要以上に恐れることはないのである。

巨人監督の原辰徳氏は、「これからも巨人の選手には、とにかくファンをドキドキさせ、魅了するプレーに徹してもらいたい。プレーだけでなく私生活も、或いはファンに対する姿勢も、ファンを失望させないよう振舞って欲しい。ファンあってのプロ野球。我々だって、一ファンだった時代、プロ野球のプレーを見て、「うわー、すごいな」と思ったときに生まれた小さな芽をどんどん膨らませ、ここまで来たのだから」と、語っている。振り返ってみれば、筆者も中学時代に後楽園球場での巨人戦で、サード長嶋がショート広岡の守備位置まできてボールを捕るや、華麗なるフィールディングでファーストに送球する場面は、忘れがたい思い出である。

第五章

プロ野球の発展への課題と企業経営との関連性

1. 監督に求められるリーダーシップのあり方
2. プロ選手に求められるもの
3. 野球解説者に求められるもの
4. プロ野球の発展への課題と企業経営との関連性

第五章
プロ野球の発展への課題と企業経営との関連性

これまでにプロ野球監督のチームマネジメントの妙所、進化するプロ選手の技と技術などについて詳述してきたが、以下ではプロ野球が今後さらに発展していくために必要な諸課題についてみるとともに、企業経営との関連性についても記していきたい。

1．監督に求められるリーダーシップのあり方

(1) チャレンジ精神に満ちた組織づくり

大谷翔平の投打二刀流への挑戦に対する批判が多いなかで、栗山監督は「二刀流の使命は、野球ってこんなにすごいのだ、こんなに面白いのだと多くの人に感じてもらい、野球のロマンを体現することにある」と語っている。

チームづくりに当たっては、個々の選手のモチベーション・やる気と潜在的能力をフル

に発揮させることが重要である。監督の役割は、この一点にあると言っても過言ではあるまい。個々の選手の意欲と能力が最大限高まれば、チームワークやチームプレーの質も上がり、確実に勝利への道筋も見えてくる。

大谷の二刀流もそうだが、イチローの振り子打法や野茂の変則的な投法についても、常識外と一蹴するのではなく、選手の目標とする新しい試み、チャレンジを見守る姿勢も大事である。たとえその試みがうまくいかず失敗に終わっても、失敗を糧に次のステージ、成功につなげていくこともできる。監督、コーチの役割は、厳格、厳重に選手を常識で縛り付けることではあるまい。選手が置かれた状況に応じて、柔軟に対応していくことが、個々の選手の能力を向上させ、チーム力を高めることにつながるのではなかろうか。

なでしこジャパンを世界一に導いた佐々木則夫元監督は、「成功の反対は失敗ではなく、「チャレンジしないこと」ではないかと思います。選手たちには、「チャレンジしないと試合では使わないぞ！」と言い続けていました」と語る。この背景には、個人のチャレンジが組織の可能性を切り拓く、サッカーではゴールを守るより、ボールを奪ってゴールを狙う方が楽しい。これは試合ではブレークスルー（困難突破）への思考回路へスイッチオンさせることが、大事との考え方に基づくものである。

（2）求められるリーダーシップのあり方

「野球は選手がやるもので、監督がやるわけではない。従って、どんなに監督がよくても、選手がダメなら試合に勝てない」というコメントはよく聞くが、そうだろうか。確かに野球をやるのは選手であるが、その選手をやる気にさせるか否かの鍵を握っているのは、監督ではないかと思うからである。毎年、春から秋にかけての長いシーズンを考えると、勝利を重ねながら優勝というゴールに到達するかどうかは、監督の力量次第である。

ただ野球評論家の野村克也さんが文芸春秋誌上で、こう語るのが気になった。「指導能力でなく、処世術がうまい選手が監督になってしまうのは、球団社長やオーナーの質が低下しているからです」。リーダーとして適性のある監督が選ばれ、各球団チームが切磋琢磨し競い合う環境が整うことを期待したいものだ。

サッカーワールドカップロシア大会で、日本代表チームが決勝に進出できたのは、監督交代があったからと思われる。後任の西野監督が前監督とは異なり、選手の気持ちに寄り添いつつやる気と能力を引き出したリーダーシップによるものではなかろうか。

サッカー日本代表監督を務めたことがあるイビチャ・オシム氏は、「リスクを負わない者は勝利を手にすることができない」、「負けないためにどうすべきかではなく、勝つためにはどうすべきかを考えようではないか」と述べた後、日本チームの武器は、敏捷性にありと論じ、「小さいスペースでの敏捷性と攻撃性。それは他チームが持っていない日本の長所である。敏捷性というものは、とても危険な武器で、特に日本は強固なテクニックを持ち、ボールコントロールのうまい選手が多いので、それが生きる。小さなスペースで、その素早さと驚くべき動きを結びつけることができる。これは世界でも特記すべき個性である」と語っている。

２０２２年のW杯カメルーン会では、オシム氏の指摘する日本チームの特徴・武器を最大限に発揮させることができる監督の下で、決勝トーナメントを勝ち抜いてもらいたいものである。

(3) 企業経営におけるリーダーシップ

本田宗一郎のリーダー論では、「ひとを動かすことができるひとは、他人の気持ちになれるひとである。その代り、自分が悩む。悩まないひとは他人を動かすことができない」と述べている。松下幸之助が「指導者は人情の機微に即して、事を行わなくてはならない」と説いているのも同じ趣旨である。

創業者の三女であるエステー㈱の鈴木貴子社長は、創業者よりカリスマがないことを自覚し、人を率いていくために何をすべきかを熟慮したという。そこで気づいたのは「言葉の力」を持つリーダーになることである。日本経済新聞紙上では、「人の心を奮い立たせるには誰にでも理解できるシンプルな言葉とロジックを使わなければならないということ、重要なことは何度でも繰り返して言うことです」、「特に注意したのは、相手を否定するのではなくて「別の視点から見るとこういう見方もあるよね」という話し方をすることです」と述べている。当たり前のことを述べているようにも見えるが、言葉の持つ意義、ロジックの重要性、反復性の大切さに思いを託している点には、共感するものがある。

経済人ではないが、永久名人の谷川浩司さんは、対談の中で、「会社などの組織では、ともすれば飛車や角のような強力な人材だけを重んじて、歩のように目立たないけれど大切な役割を果たしている人を切り捨てることになりがちです。でも、本当はそれではバランスの良い組織にはならない。これからの時代のリーダーは、構成員の一人一人の隠れた才能を発見し、適材適所で活かしていかなければいけないと思います」と述べている。

ところで日本の社員のエンゲージメント度（仕事に対するやる気、組織への忠誠心）が極めて低いという調査結果には、正直驚いた。日本経済新聞記事（２０１7年5月）によると、米ギャラップ社が世界各国の企業を対象に実施した従業員のエンゲージメント調査によると、日本は「熱意あふれる社員」の割合が６％に過ぎず、米国の３２％に比べて大幅に低く、調査した１３９か国中１３２位と最下位クラスだったという。それ以上に問題なのは、「周囲に不満をまき散らしている無気力な社員の割合が２４％」に達していることである。

来日したギャラップのジム・クリフトン会長は、「事故や製品の欠陥、顧客の喪失など会社にとって何か問題が起きる場合、多くはそういう人が関与している」、「主な原因は上司にある。上司と部下が一緒になってどう結果を出すか、部下をどうやって成長させていくのかを考えることが上司の仕事になる」と述べている。つまり部下の強みが何かを上司が理解し、見合った仕事を与えることが大事であると指摘している。

「企業は人なり」の見地から、人材の有効活用はゆるがせにできない。社員の職場満足度は顧客満足度にも影響してくるので、上司たるリーダーは社員が「働き甲斐がある」と感じる環境づくりに向けて努めていく必要がある。

(4) 人づくりに必要な啐啄同時（そつたくどうじ）の精神

①プロ野球界の師弟関係

「啐啄同時」（そつたくどうじ）は禅宗の言葉である。親鳥がそろそろ孵化しそうな卵に対し、正にこの世に生まれるという絶妙な機会をとらえて外側からコツコツと刺激し、雛が内側から自分の力で誕生するための行動を促すということを意味している。師匠と弟子の関係、監督・コーチと選手との関係も、こうした阿吽の呼吸での教育、「啐啄同時（そつたくどうじ）」の精神が大事である。

荒川コーチの指導を受けて一本足打法の極意を取得した王貞治、野村監督の下で復活を成し遂げた選手の事例は、正に「啐啄同時（そつたくどうじ）」の精神の発露であろう。

プロ野球界で師弟関係、師弟愛ということで思い出されるのは、日米通算で507本塁打を放った松井秀喜と長嶋茂雄との師弟関係である。

松井秀喜は引退会見で、プロ野球で最も思い出に残る場面について、「長嶋監督と二人で素振りをした時間だった」と語っている。

松井秀喜を一位指名したドラフト後、長嶋さんは「振りのシャープさ、遠くへ飛ばす能力、まさに10年にひとりの素材ですよ。大事に育ててみたい」とコメントしている。入団後は、松井の素振りに毎日付き合い、監督の耳にかなう「ビュー」という独特の高い音が出るまで素振りは続けられた。「王さんのようにシーズンでホームランを55本打てるようなバッターを目指せ」と、背番号55を松井に与えた。二人の特訓は長嶋茂雄が監督を勇退するまで続いた。監督勇退の夜、松井は涙を流しながら素振りを行ったという。

松井秀喜の日米通算507本塁打という大記録は、正に「啐啄同時（そつたくどうじ）」の精神、二人の濃密な師弟関係から生み出されたものである。

②教師とのご縁

私事になるが、筆者にとって葛飾区立渋江小学校6年の担任の熱血教師（故栗木孟氏）との出会いが飛躍のきっかけとなった。たまたま国語の教科書にあった「目黒のさんま」を大きな声で落語調にして朗読したところ、先生から大いに褒められた。それまでは可もなく不可もない凡庸な生徒であったが、それをきっかけにして学ぶことの楽しさに目覚めた格好になった。生徒思いの有能な先生は、生徒の「心に火をつける」ことができるのだろう。「小さな喜びでもシャワーの如く浴びせかけられると、新たな学習意欲を生み出す」とは、このことかもしれない。

その後進級した区立中川中学校でも、三学年とも担任は教育熱心でかつ生徒思いの先生方（江森、鷲巣、村山の各先生）だった。特に印象深いのは、わが家への家庭訪問中にたまたま起きた近隣の火災の際、近所の方々とのバケツリレーに率先垂範して行動され、類焼を防いでくれたことである。

さらに担任の先生には音楽の授業に難儀していた筆者を含む生徒を放課後に集められ、音符の読み方などの裏技を伝授してもらった。また、ときには中川の土手に連れ出され、ロシア民謡の「カチューシャ」やフォスターの「オールド・ブラック・ジョー」などを皆で楽しく熱唱した。音楽教師でもない担任の先生がここまでやれるのかなと今では思うが、昭和30年代初期のころは、牧歌的でおおらかな時代であったのだろう。生徒のルールやマナー違反には鉄拳制裁を科すなど、厳しい担任教師だったが、教師と生徒との心の交流などの面では、父兄からの信頼は厚いものがあった。

その後、下町の学区域ではトップ校と言われた都立両国高校に進学できたのも、こうした教師の方々とのご縁、ご支援があればこそだと感謝している。

芥川龍之介、堀辰雄などの著名な作家を輩出した府立三中の伝統を引き継ぐ高校では、国語の教師から「最近の国語力の低下は、嘆かわしい限りだ」、「印刷された活字が常に正しいわけではない」と強調されていたのが、印象深く思い出される。これは「国家の根幹は国語教育にかかっている」、「国語は論理を育み、情緒を培い、すべての知的活動・教養の支えとなる読書力を生む」との藤原正彦氏の主張にも通ずるものである。

2．プロ選手に求められるもの

(1) 夢への挑戦

投打二刀流という大きな夢に向かって突き進む大谷翔平の前途には様々な障害、ハードルが待ち構えているが、それらを一つひとつ乗り越えていって欲しいものである。

脳研究者の茂木健一郎氏は、脳科学の見地からこう語っている。「脳はみずからハードルを課して苦しみを乗り越えるときにこそ、最大の喜びを感じるものなのですね。ですからアスリートは、いろいろな職業の中で、おそらくもっとも脳の喜びが深い職業の一つではないかと思います」。茂木流にいえば、大谷翔平は、自らに課した大きな目標、課題を一つひとつ乗り越えるときに、最大の喜びと満足感を味わうことになるのだろう。

城山三郎の作品の中に「成ると成らざるとは、只天命に在ると信ずるのみ」という言葉がある。これは、大きく困難な事に挑戦するとき、人の心は躊躇するが、それにチャレンジするのが「自らの内なる」燃える思いであることを示している。この言葉は、今の大谷翔平の心境を象徴している。「言い続け、思い続け、やり続ければ、夢は必ず実現する」ということを、二刀流でも実証してもらいたいものである。

夢の実現には人との関係が大事だとする衣笠祥雄さんは、こう語っている。

「人間、自分ひとりでできることには限界がある。だけど、人と力を合わせると、不思議なことに不可能が可能に、夢も現実になっていく。だから、出会う人を大切にするんだよ」。

衣笠祥雄さんはプロ野球の世界で前人未踏の2、215試合連続出場を果たして世界記録(当時)を樹立、国民栄誉賞を受賞されるなど立派な功績を残された選手である。衣笠さんの連続試合出場記録の実現には、監督、コーチ、同僚など多くの関係者の支援・協力があったということなのだろう。

アサヒスーパードライを大ヒットさせたアサヒビール名誉会長の樋口廣太郎氏は、「今の日本人に必要なのは、それぞれが自分の夢を持ち、それを語り合いながら、お互いの夢を実現するために切磋琢磨し、みんなで上昇していく「ウィズアップ」意識です」と語っている。自分の夢を声にして人に語り掛けることで、大きく膨らませていくことも大事なことである。

映画監督の大林宣彦氏は、宮沢賢治の「永遠の未完成、これ完成なり」という言葉に触れつつ、「夢もまた、永遠にかなえられることなく、しかし、毎日毎日、より大きく育ち、ひとの一生もより大きく育てていく。そういう未完成の日々の集大成が、人の人生という、大きな完成像を、形成していくのでしょう。現実とは、人生とは、じつは夢の対極にあるのではなく、私たちの夢を持続させ、育ててくれる、大きな環境であるのです」と語っている。

(2)「継続は力なり」

大リーグで活躍していたころのイチローの言葉に、「苦しかったことをくぐり抜けると、もっと野球が好きになる」がある。逆境に逃げることなくまた臆することもなく、敢然と立ち向かうことで、活路を切り開いてきている。元ヤンキースの松井秀喜が、「努力を継続させることが、才能である」と述べていることも同じことであろう。

スポーツではないが、将棋の世界で若手棋士として伸び盛りの藤井聰太七段の継続力について、脳科学の見地から注目しているのは、東京大学大学院総合文化研究科研究員の細田千尋さんである。週刊文春誌上で「一日必ず階段を三十段上り下りするなど、自分で簡単な決まり事をつくって、それを継続できる人は脳の前頭葉の一部が非常に発達していることが分かっています。そうした人たちの特徴として、遠い将来のことを見通した上で今の行動を考える能力が非常に高いことが挙げられます。これは将棋の「読み」につながっている可能性があります」と述べている。この点は、メジャーで活躍中の大谷翔平にも同じことが言えるのではなかろうか。両者の違いは、大好きな分野が将棋だったか、野球であったかの相違である。大好きな分野を恵まれた環境下で掘り下げていく不断の努力、継続力により才能を最大限に開花させようとしている点は、両者とも同様である。

「随所に主となれ」という言葉がある。これはどんな仕事でも前向きに取り組み、主役になるという意味である。主役という意識で仕事を継続すれば、仕事が面白くなる。面白くなれば、いい仕事ができ、いい人にも出会え、いい仕事を任せてもらえるなど、良い循環が生まれる。イチローや松井の言葉の真髄もこのことかなと思う。

私事になるが、独自の健康法である健体術を考案された飯沼輪太郎氏は、身体が健康であれば心や頭脳も健康でいられるという、健体、健心，健脳の三位一体の生命力回復法を提唱している。筆者も10数年前から毎月施術を受けているが、一時間あまりの健体術を受けると、体が軽くなり血流もよくなってくる。いまでは「健体術は、人間の免疫力、自然治癒力の改善につながる」との解説にも納得している。古希を過ぎたこともあり友人、知人の中には、気功、真向法、ヨガなどに取り組むケースが増えてきているが、何事も継続して行えば、健康維持・増進につながるのだろう。

「行住坐臥」（ぎょうじゅうざが）、禅の世界では起床してから寝るまでの間、すべての行動が真剣勝負の修行である。茶道でも、日常の立ち居振る舞いが心を育てるとされている。禅であれ、茶道であれどの世界でも、継続することが大事である。

(3) 挫折を乗り越えて

オリンピックという大舞台で活躍するトップアスリートと言われる選手には、大きな挫折体験があり、それを乗り越えた者が君臨している。フィギュアスケートの羽生結弦さんも右足首のケガに屈することなく、平昌五輪という大舞台で金メダルを獲得され、国民に大きな感動を与えた。

プロ野球では、現役選手時代の挫折体験がその後の監督としてのチームマネジメントに好影響を与えたのではないかと思われるのが、日本ハム監督の栗山英樹氏である。著書によると、ヤクルト入団（１９８４年）後に、思い通りのプレーが出来なくなる「イップス」という運動障害に陥ったり、また原因不明の「メニエール病」にかかったりもした。そのたびに監督、コーチの暖かい励ましに奮起され、スイッチヒッターになる努力も重ねられた結果、一軍に復帰し、ゴールデングラブ賞にも輝いている。１９９０年のシーズン終了後に引退するが、２０１１年オフシーズンに日本ハム監督に就任された。

「不安こそが勇気を生み、挫折こそが力を育み、敗北こそが知恵を授け、魂が勝利をもたらす」という栗山氏の信条は、現役選手時代の苦しんだ体験が色濃く反映されている。周囲の批判、反発に係らず、大谷翔平の夢の実現に向けて傾注されたのも、こうした挫折体験が大きく影響しているものと思われる。

プロゴルファーの挫折を乗り越えての復活と言えば、タイガー・ウッズだろう。2018年最後のメジャー、全米プロゴルフ選手権では優勝争いを演じ、二位になった。強いタイガーの復活はギャラリーの熱狂を呼んだばかりではなく、全米のテレビ視聴率も記録的な伸びを記録した。週刊東洋経済誌ではゴルフジャーナリストの三田村昌鳳氏が復活劇を演出しつつあるタイガー・ウッズの言葉として、「諦めてはいけない。トライ・アンド・ウィン！人生の中でプレッシャーを乗り越えるたびに、本当の喜びがやってくる」、「僕の財産は闘争心です。そして僕の長所は精神力です」とのコメントを引用されていた。試合後の自身のツイッターでは、来年のメジャー復活優勝を明確に宣言されていたことからも、左ヒザ、腰など四回の手術を乗り越えての完全な復活は、期待できそうだ。

建築家として有名な安藤忠雄氏は、数年前に胆のう、胆管、十二指腸、すい臓、脾臓の五つの臓器の摘出という大手術を受けられた。手術後その安藤氏は、「悪いことは悪いと思わずに、前を向いて生きていく。そうすると人生は楽しいですよ」、「夢と希望を持ち諦めずに挑戦し続けることが生きていくうえでとても大切なことだと思います。夢も希望もお金では買えませんから」と、夢や希望にひるむことなく立ち向かうことの楽しさを語っている。

3. 野球解説者に求められるもの

プロ野球をテレビで観戦していて気になるのは、解説者の冗長なもっともらしいコメントである。視聴者の野球に関するレベルが低いのならともかく、ある程度野球に精通している者に対して失礼ではないだろうか。

作家の阿刀田高氏は、著書の中で解説者のあり方についてこう語っている。「結果論ばかり言う人、精神論ばかりふりまわす人、ルールにあかるくない人、良識を欠く人、全部がそうだとは言わないが、一つの話芸として感銘することは皆無に近い」、「解説者たるもの、世の野球ファンが野球に詳しい人たちであることを知るべきである。解説者である以上、それを踏まえたうえで、より高度の「なるほど」といった説明を加えるべきである」。解説者に対する注文としては、正論であり正鵠を射た指摘である。

ところでプロ野球のテレビ中継での解説で画期的だったのは、「野村スコープ」の登場である。ストライクゾーンを内外角、高低差で9分割し、どのコースにどの球種が来たかを表示するものだ。解説者の野村克也さんが捕手の経験を活かし、次の一球を予測するものであるが、視聴者を感嘆させること大なるものがあったと思われる。

最近ではデータ処理技術が進歩したこともあり、テレビ画面上に打者の得意、不得意なコースが色分けされて表示されるようになっている。これらのデータをもとに、解説者が投手・打者の心理状態や捕手の配球の癖などを読み取りながら、視聴者に良質な知識を提供することができれば、テレビ観戦も一段と面白くなるのではなかろうか。

脚本家の倉本聰さんは、対談の中で「批評家は、いつも対岸を歩いている」と語る。つまり、批評家は、いつも川の流れの向こう側を歩いていて、こちら側、創る側の者とは交わることがない。批評は誰にでもできるが、どこまでいっても批評にとどまり、創造はないというのである。

監督一年目にパ・リーグ優勝に導いた日本ハムの栗山監督は、倉本さんから「監督一年目の君が、まさか優勝できるとは思わなかった」と言われ、ショックを受けたそうだ。というのは20年以上にわたりプロ野球を批評する立場にいた者、即ち対岸を歩いていた者が、創る側、野球で言えば監督としてチームを率い、優勝にまで導くことができるとは思わなかったということだろう。

それに対して、栗山監督は「立場や肩書は向こう側の人に見えていたかもしれないが、現実の僕の意識はいつもこちら側にあった」と弁解されている。

要は解説者であっても、いつも向こう側にいる相手の立場を踏まえてのコメントを心掛けていたということなのだろう。

4. プロ野球の発展への課題と企業経営との関連性

(1) プロ野球発展への課題

プロ野球の顧客はファンである。顧客であるファンに買ってもらう商品・サービスは「試合」である。野球は感動や興奮を与えてくれると言われるが、他のエンターテインメントでもつくり出すことができる。例えば、東京ディズニーリゾートは顧客に興奮と感動を与え続け、顧客のリピート率の高さを誇っている。映画の世界も劇場の封切りだけで終わらせず、DVD、テレビでの放映など、視聴者に何度も見飽きさせない映画が名画とされている。

プロ野球の最大の売り物は何だろうか。それは、「試合結果の不確実性」である。一試合も同じ展開はなく、シナリオもない。正にシナリオなきドラマである。選手の一挙手一投足、振舞いにハラハラドキドキしながら、ゲーム展開を楽しむことができるのである。「プロは夢を売る商売」と唱える王貞治さんは、次のように語る。

「プロ野球の選手には誰にでも技術屋としての自負がある。プロ選手は技術スペッシャリストとして、一般のファンに不可能な技を実現して見せる、いわば「夢の販売人」だからだ」、「こと技術に関しては、長嶋さんよりも上だと確信している。しかし、長嶋さんが私と違っていたところは、プロ野球というものを「魅せる芸」として捉えていた点だ。日本プロ野球界の中では、見せる意識を持ってプレーしてきた選手は、後にも先にも、長嶋さんをおいて他にいないのではないか」。三塁手長嶋茂雄の華麗なるフィールディング、打席で空振りしたときにヘルメットが飛んだのもファンサービスの一環だったのだろう。

その長嶋さんは、「私は、ただ勝つだけでなく、お客様がどういう野球をみたいのか、どういう野球を見せれば納得できるのかを、常に感じ考えながら、プレーしてきました」と語っている。

これからも多くのプロ選手が長嶋茂雄のファンサービス精神を受け継ぎ、感動と興奮を呼ぶ、魅せるプレーを発揮していけば、プロ野球人気が衰えることはないだろう。

スポーツの醍醐味は戦力が均衡して接戦を行うゲームを観戦することにあるという観点からは、ドラフト制の定着で各球団の戦力が均等化してきた現在の方が、かつての強すぎる巨人中心の時代よりは多くのファンを惹きつけるものがある。

脚本家の倉本聰さんが、「人と感動を共有して、泣いたり笑ったりする、これは人間しかない」と語っていたが、これからもワクワクドキドキしながら野球観戦ができることを期待したい。

「プロ野球は夢を売る職業」と言われることに関連して、松井秀喜さんは著書の中で、「僕がホームランを打ったり、ひたむきにプレーしたりすることで、人々の心を動かすことはできます。人々を勇気づけたり、感動させることもあるでしょう。そこに意味があると思うのです」と語っている。

　投打二刀流に挑む大谷翔平の活躍は、日本のファンのみならず、アメリカのファンにも感動と勇気を与えてくれた。投手として打者として超一流の領域を目指す大谷翔平には、これからも怪我をしない体づくりとそれを乗り越える強靭な精神力を大いに期待したいものである。

(2) 企業経営との関連性

　プロ野球を構成する12球団が切磋琢磨し魅力あるチームづくりしながら発展していくことは、チームワークで業績向上を目指す企業経営にも参考になるものと思う。プロ野球のチーム力は指揮する監督及び所属する個々の選手の能力・人間力で決まるが、このことは人と組織で動く企業経営でも同じことがいえる。プロ野球と企業経営とは全く違う世界のように見えるが、リーダーや構成員に必要な資質には共通するものがあり、流れや勢いがありそれを見極めることが重要な点でも共通する原理があるのではなかろうか。

　これからも地域に密着した球団チームづくりの徹底、白熱化したペナントレースの展開を通じ、ファンに夢と感動を与えていくことが、プロ野球の再生・発展の鍵を握っている。またプロ野球の再生・発展は、組織原理を同じくする企業経営のあり方にもシンクロナイズ（共時・共振化）し、プラスの効果をもたらすものと考えている。

プロ野球の健全な発展は企業経営の進化・飛躍に通じ、また日本経済の繁栄にもつながるとの思いで、本書を執筆してきた。これからも大谷二刀流の如く夢への挑戦を諦めずに追いかけることで、未来への活路が開けるものと確信している。

最後に、幾多の困難を乗り越え世界的シューメーカーになったナイキの創業者フィル・ナイト氏からの日本のビジネスマンや若い世代へのメッセージを添えておこう。

「THE ONLY TIME YOU MUST NOT FAIL、IS THE LAST TIME YOU TRY」（失敗のリスクを恐れず、何度でも挑戦しろ。最後まで挑み続けろ）

この言葉はアメリカの銀行から融資を断られ倒産の危機に立たされたとき、「スポーツシューズでNO・1を目指す」という自分の夢を理解し支援してくれた日商岩井（現双日）ポートランド支店、ひいては日本人への感謝の気持ちを忘れずにいるフィル・ナイト氏の信条をよく表している。この言葉はNHKとのインタビューの際に発せられたものである。未来に向かっての日本人の可能性、資質を信じる親日家の期待を裏切ることなく、これからもリスクを恐れず夢への挑戦を追い続けていきたいものである。

参考文献

本書（第一章から第五章まで）の編纂に当たっては、以下の書籍を参考にさせていただいた。ここに記して感謝の意を表したい。

栗山英樹
「育てる力」（宝島社）
「覚悟」（ＫＫベストセラーズ）
「最高のチームの作り方」（ＫＫベストセラーズ）
「伝える」（ＫＫベストセラーズ）
「栗山魂」（河出書房新社）
渋沢栄一
「論語と算盤」（角川ソフィア文庫）
「別冊カドカワ」カドカワ
キングスレイ・ウオード
「ビジネスマンの父より息子への３０通の手紙」（新潮文庫）
佐々木亨
「道ひらく、海わたる―大谷翔平の素顔」（扶桑社）
川上哲治
「遺言」（文春文庫）
森祇晶
「捕手的人間の時代」（ザ・マサダ）
矢島悠紀彦
「石橋を叩いて豹変せよ」（ＮＨＫ出版）
「ジャイアンツの栄光の７０年」ベースボールマガジン社
野村克也
「巨人軍論」（角川新書）
「野村主義」（小学館）
「弱者の兵法」（アスペクト）
「野村再生工場」（角川書店）
「野村ノート」（小学館文庫）
「野村の流儀」（ぴあ）
「あぁ　監督」（角川新書）
「攻めと守りの管理学」（ＰＨＰ文庫）

「私が選ぶ名監督10人」（光文社新書）
橋上秀樹
「野村の監督ミーティング」（日文新書）
川崎憲治郎
「野村ID野球と落合オレ流野球」（KKロングセラーズ）
古田敦也
「古田式・ワンランク上のプロ野球観戦術」（朝日新書）
高橋義彦
「優柔決断のすすめ」（PHP新書）
菊池涼介
「赤き哲学」（KKベストセラーズ）
川口和久
「二塁手革命」（光文社新書）
児玉光雄
「投球論」（講談社）
「こんな上司となら仕事をしたい」（河出書房新社）
「イチロー思考」（知的生き方文庫）
「トップアスリートの名言」（河出書房新社）
「イチロー式集中力」（PHP文庫）
星野仙一
「星野流」（世界文化社）
永谷脩
「プロ野球、心をつかむ！監督術」（朝日新書）
権藤博
「教えない教え」（集英社）
原辰徳
「原点」（中央公論社）
義田貴士
「原辰徳走り続ける情熱」（学研教育出版）
松本ひでお編
「プロ野球　名句ドラマ」（ニッポン放送）
高津臣吾
「二軍監督の仕事」（光文社新書）
長嶋茂雄
「野球は人生そのものだ」（日本経済新聞出版社）
「野球へのラブレター」（文春新書）

深澤弘
「わが友　長嶋茂雄」（徳間書店）
テリー伊藤
「松井秀喜－55の教え」（角川ONE21）
落合博満
「采配」（ダイヤモンド社）
森繁和
「参謀」（講談社）
司馬遼太郎
「播磨灘物語」（講談社文庫）
塩野七生
「ローマ人の物語」（新潮社）
広岡達朗
「巨人への遺言」（幻冬舎）
原晋
「逆転のメソッド」（祥伝社新書）
島村俊治
「星野仙一　決断のリーダー論」
（ゴマブックス）
工藤公康
「10年先の自分をつくる」
「現役力」（PHP新書）
「孤独を恐れない力」（青春新書）
広岡勲
「負けない心」
（ディスカバー・トエンティワン）
森純大
「勝負の名言」（PHP文庫）
戸部良一ほか
「失敗の本質」（中公文庫）
山本七平
「空気の研究」（文春文庫）
柴田昌治
「なぜ会社は変われないのか」
（日経ビジネス人文庫）
江本孟紀
「野球バカは死なず」（文春新書）
王貞治
「チャレンジが道をひらく」（PHP研究所）

小関順二
「大谷翔平　日本の野球を変えた二刀流」（廣済堂出版）
大野翔太ほか
「証言　大谷翔平」（宝島社）
鷲田康
「松井秀喜の言葉」（廣済堂出版）
松井秀喜
「不動心」（新潮新書）
「信念を貫く」（新潮新書）
篠山正幸
「プロ野球　心にしみる８０の名言」（ベースボールマガジン社）
二宮清純
「勝者の思考法」（ＰＨＰ新書）
「トップアスリートの身体能力」（青春出版社）
「最強のプロ野球論」（講談社現代新書）
「プロ野球衝撃の昭和史」（文春新書）
「プロ野球名人たちの証言」（講談社現代新書）
山際淳司
「スローカーブをもう一球」（角川文庫）
江夏豊
「左腕の誇り」（新潮文庫）
「燃えよ左腕」（日本経済新聞出版社）
「エースの資格」（ＰＨＰ新書）
近藤唯之
「運命を変えた一瞬」（ＰＨＰ文庫）
「プロ野球通になれる本」（ＰＨＰ文庫）
赤坂英一
「プロ野球第二の人生」（講談社）
「すごい！広島カープ」（ＰＨＰ文庫）
宮本慎也
「歩（あゆみ）」（小学館）
「意識力」（ＰＨＰ新書）
田口壮
「脇役力」（ＰＨＰ新書）
山本周五郎
「さぶ」（新潮文庫）
佐高信
「ビジネスマン一日一話」（徳間文庫）

城山三郎
「屈託なく生きる」（講談社文庫）
大登義明ほか
「もう一度、投げたかった」（幻冬舎文庫）
半藤一利ほか
「司馬遼太郎のリーダーの条件」（文春新書）
織田淳太郎
「捕手論」（光文社新書）
橘木俊詔
「プロ野球の経済学」（東洋経済新報社）
夏坂健
「ゴルフを以って人を観ん」（日経ビジネス文庫）
迫勝則
「カープの美学」（宝島社）
木村由美子
「一生懸命」（中央公論社）
山崎夏生
「プロ野球審判ジャッジの舞台裏」（北海道新聞社）
立花龍司
「一流の指導力」（ソフトバンク新書）
澤宮優
「人を見抜く、人を口説く、人を活かす」（角川ＯＮＥテーマ21）
羽生善治
「決断力」（角川書店）
谷川浩司ほか
「勝負脳を鍛える」（ＰＨＰ文庫）
林新
「よみがえるープロ野球７０年」（集英社新書）
上原浩治
「不変」（小学館）
清水満
「一徹の流儀」（扶桑社新書）
石井和子訳
「シュリーマン旅行記　清国・日本」（講談社学術文庫）
磯田道史
「無私の日本人」（文春文庫）

泉三郎
「岩倉使節団という冒険」（文春新書）
島秀之助
「プロ野球審判の眼」（岩波新書）
吉井理人
「プロ野球VSメジャーリーグの戦い方」（PHP新書）
中島隆信
「高校野球の経済学」（東洋経済新報社）
水野誠ほか
「プロ野球「熱狂」の経営科学」（東京大学出版会）
海老沢泰久
「巨人がプロ野球をダメにした」（講談社α文庫）
池田純
「常識の超え方」（文芸春秋）
橘川武郎
「プロ野球経営史」（東京大学経友会誌）
イビチャ・オシム
「考えよ！」（角川ONEテーマ21）
藤原正彦
「祖国とは国語」（新潮文庫）
大山くまお
「名言力」（ソフトバンク新書）
衣笠祥雄
「水は岩をも砕く」（ロング新書）
小西恵三
「イチローの流儀」（新潮文庫）
阿刀田高
「夜の紙風船」（中公文庫）
大坪正則
「パ・リーグがプロ野球を変える」（朝日新書）
フィル・ナイト
「SHOE DOG－靴にすべてを」（東洋経済新報社）

特別編

ＬＰガス産業へのメッセージ
―未来を切り拓く保安と経営―

1．「保安なくして　経営なし」
2．分散型エネルギーとしての役割
3．少子高齢化社会への対応
4．需要拡大と並走する事業拡大を
5．環境変化は飛躍のチャンス

特別編

ＬＰガス産業へのメッセージ ―未来を切り拓く保安と経営―

ＬＰガス産業の昭和３０年前後の草創期から高度成長期を経て安定成長期までの発展の歴史は、重大事故との闘い、事故克服の歴史でもあった。本編では、ＬＰガスの重大事故を検証するとともに、事故を乗り越えて発展してきた歴史を振り返りつつ、今後の課題及び対応の方向について記述してみたい。最初に、本稿は主に下流部門から眺めたＬＰガス産業へのメッセージであることをお断りしておきたい。

1.「保安なくして　経営なし」

(1) 過去の重大事故の検証

過去に起きたＬＰガス関連の重大事故のうち、以下に三つの事例をとりあげ検証してみたい。これらの事故は、ＬＰガス保安行政にも多大な影響を与えたものである。

①西宮タンクローリー横転爆発事故

＜概要＞

１９６５年（昭和４０年）１０月２６日午前３時過ぎ、兵庫県西宮市の国道でＬＰガス５トンを積んだタンクローリーが横転、陸橋に衝突して爆発炎上した。周囲の民家（４１戸）も類焼し、死者５名、負傷者２１名の大惨事となった。原因は、ローリー運転手の居眠り運転によるハンドル操作の誤りとスピードの出し過ぎにより、横転したもの。ローリーは逆さまに転倒、タンク上部を

タンクローリー車台とタンクの焼損した状態。ものすごい火災にあぶられたことを示している。

写真：石油産業新聞社刊『LP ガス業界発展外史－創成期編－』より

下に背走したことから、ローリーの上蓋が破壊され、充填されたLPガスが流出、路上に大量に放出された。

本事故を受けて再発防止策として、高圧ガス取締法施行規則が以下の通り改正された。

①移動計画書の届け出制
②移動経路の制限
③200KMを超えて移動する場合は運転手2名の配置
④バルブ、液面計等に損傷防止の措置

本事故は、ローリー運転手の過労・疲労による居眠り運転による操作ミスが事故の引き金になっていたので、運転手の体調管理の重要性が改めて認識されたものであった。

②つま恋ガス爆発事故
＜概要＞
1983年（昭和58年）11月22日12時48分、静岡県掛川市のヤマハレクリエーション施設・つま恋（現つま恋リゾート　彩の郷）のバーベキューガーデン満水亭（993M2）で、室内に充満したLPガスに製氷機の火花が引火し大音響とともに爆発、火災が発生した。鉄骨平屋建ての建屋が全壊し、食事中の東洋工業東京支社のリクルート部社員とコンパニオンアルバイトの立教大学女子学生、従業員の合わせて14名が死亡し、27名が重軽傷を負うという民生業務用の事故としては、史上最悪の大惨事となった。原因は、ガスのコックの閉め忘れによるガス漏れによるもの。事故発生当時全98個のコック中29個が未閉止状態になっていた。

本事故を重視した通商産業省（現経済産業省）は「つま恋LPガス事故対策委員会」を設置し、翌年4月に主に業務用の特定供給設備に対する対策の強化が必要とする報告書を取りまとめ

LPガス保安の転機となった「つま恋ガス爆発事故」

写真提供：日本LPガス協会

た。本事故を受けて、料理飲食店でのヒューズコック栓の設置義務、保安連絡担当者の選任、業務用設備の保安改善を2年間の猶予を設けて実施した。

この事故を契機にして、LPガス保安行政は、「消費者に注意を促し確保する保安」から、「操作を誤っても事故につながらない保安」、「フェールセーフ（取り扱いを誤っても事故に至らない安全システム）の発想に基づく安全機器の導入」へと大きく転換していくこととなった。

③旭川充填所ガス爆発事故

＜概要＞

1988年（昭和63年）8月19日午後8時15分ごろ、北海道旭川市東旭川町のほくさん㈱旭川プロパン充填所（50トン、30トン、6連式充填ライン）併設の残ガス回収室でガス爆発が起き、出火した。所内に保管されていたボンベ約600本が次々と引火し、ガス充填室に充てられていた倉庫の屋根が吹き飛んだ。ガスボンベは爆発を繰り返し、炎は一時、200メートルの高さに吹き上げた。この爆発で、作業員ら5人が火傷を負い病院に運ばれたが、最終的には死者3名、負傷者2名という大惨事となった。周囲には民家がなかったことから市民への影響はなかったが、爆発でボンベが次々と線路を超えて飛んだこともあり、都市部であったら市民を巻き込んだ惨事になるところであった。

この事故はお盆明けの8月中旬に起きたものだが、残ガス回収室に運びこまれた容器本数が多いこともあり、平常時を超える多くの容器により換気不良を招き、相当量のガスが滞留していたものと思われる。作業員の誰もがガス臭さに気づかなかったことは、ガス臭気に対する無警戒の慢性化があったものと推定された。

筆者は当時、通商産業省（現経済産業省）で保安課長の職にあったが、事故の第一報は午後9時前のＮＨＫのニュースではじめて知り、関係者と連絡をとりつつ、職場に引き返し対応に奔走したという意味で、印象深い事故

工場の屋根が飛び、ガスボンベが散乱する「ほくさん旭川充填所事故」

写真提供：北海道新聞社

であった。

事故の重大性に鑑み、担当官を直ちに現地に派遣するとともに、札幌通商産業局に事故調査委員会を設置し、事故原因の究明と再発防止策の検討を行った。事故後訪れたほくさん㈱（現・エア・ウォーター㈱）経営者には、劣悪な作業環境が招いた事故であることもあり、設備・機器面での改良とともに、五S活動（整理、整頓、清潔、清掃、躾）の徹底、作業員の保安意識の高揚などソフト面の強化も並行して行うよう指示しておいた。

本事故を受け、ほくさん㈱では、「経営理念にある感謝と謙虚を再議し、今回の事故を天の警鐘として捉え、二度と事故を起こさない」ために、全職場、全工場に「感謝と謙虚、我々は決して8月19日を忘れない」との合言葉を掲示させた。

以上過去の三つの重大事故を検証してきたが、「他山の石」として活用することが大事である。企業内に安全最優先の文化・社風を定着させる観点からは、過去の事故にせよ、他社の事故にせよ、事故情報の水平展開・情報の共有が大切だと思う。

＜補足＞茨木充填所ガス爆発事故
大阪府茨木市の充填所で起こった爆発事故は、LPガス業界初のタンク爆発事故であるので、補足しておきたい。昭和３９年（１９６４年）９月１４日午後2時7分、茨木のＬＰガス充填所（１０トン横置きタンク）で爆発事故が発生し、運転手など３人が死亡、周辺住民６１人が重軽傷を負った。事故はタンクローリーから充填所タンクに荷下ろし中に起こった。調査報告によると、充填所受け入れホースのカップリングが折損してローリー側から大量のＬＰガスが噴出、これに着火して充填所タンクが強烈な直撃猛火を浴び、タンク爆発に至った模様である。この事故を契機にして、ＬＰガス充填所の経営者と作業員に対する保安管理体制の教育、設備の点検指導が全国的に実施された。

LP ガス容器が次々に破裂した「茨木充填所ガス爆発事故」

写真提供：石油産業新聞社

〈参考文献〉
「ＬＰガス業界発展史」矢野俊比古（石油産業新聞社）
「ＬＰガス重大事故」石油化学新聞社

（2）事故件数の推移と安全器具の普及

①安全器具の普及促進

ＬＰガス保安行政は前述した通り、つま恋ガス爆発事故を受けて大きく転換することになった。即ち、「消費者が操作ミスをしても事故につながらない保安（フェールセーフ）」の実現を目指すことになった。

１９８６年（昭和６１年）５月に出された「ＬＰガス安全器具普及懇談会」報告書では、消費者ミスを補完する安全器具の普及促進により、事故件数を五年間で五分の一、十年間で十分の一にするという画期的な目標を掲げた。この背景には当時、自動遮断機能を有するマイコンメーターが都市ガスですでに開発され、ＬＰガスへの展開も可能な状態にあったことがある。

マイコンメーターは、ガス流量の異常現象（長時間の微量漏えいやガスの大量漏れなど）をセンサーで検知、マイコンで判断しガス遮断するという、ハイテク技術を応用した画期的なメーターであった。この器具が全国各地に普及すれば、消費先の事故の大半が未然に防止できるのではないかと思われた。

ただ、筆者が保安課長に就任した1988年（昭和63年）時点では、3．9％という極めて低い普及率にとどまっていた。こうした背景には、マイコンメーターの価格が当時二万円程度もし、2､500万世帯すべてに設置すると総額五千億円程度の投資負担になることがあった。LPガスはその当時、三万を超える事業者数で中小零細性の高い業種であったことから、コスト高を懸念する声も大きいものがあったのである。

しかしながら、消費先の事故件数を減らすことがLPガス産業の健全な発展につながるとの思いで、全国各地で官民挙げての安全器具普及運動を地道に展開する中で流れが変わった。流れを大きく転換させたのは、消費者からの反響である。マイコンメーターの導入により、風呂やガスコンロをつけっ放しで外出して慌てて帰宅したら自動遮断機能が作動して事なきをえたなど、消費者から感謝される報告が数多く販売店に寄せられた。

さらに、マイコンメーターは経営合理化や多角化の手段にもなりうることである。LPガスの消費は厨房用が多いが、安全性が高まれば、給湯器や冷暖房などの分野にも進出でき、一戸当たりの消費量の増大に結びつくというプラス効果も期待できた。消費者との信頼関係が深まることで、LPガス以外の商品やサービスの提供という面でも貢献したのである。

安全器具の普及促進に当たっては、マイコンメーターに加え、ガス漏れ警報器やヒューズコック（ゴムホースが抜けたりして大量のガスが漏れてしまう事態になったとき、ガスが出ないように遮断する機能をもつコック）も併せた三点セットでの普及促進に努めた。

こうした安全器具の普及促進の結果、ＬＰガスの事故件数は大幅に減少したのである。ＬＰガスは事業者数も多い中小零細性の高い業界だから、中途半端な普及にとどまるのではないかとの関係者の見方を覆す結果になった。

マイコンメーターにせよ、ガス漏れ警報器にせよ、法律に基づく規制ではなく、あくまで業界全体の自主的な活動により、大手企業が主力の都市ガス業界より先行して安全器具の普及促進が整然と行われたことは、決して忘れてはならないことだと思う。

②事故件数の推移

安全器具の普及が進展する中で、ＬＰガスの事故件数は激減した。（次ページ図表５参照）マイコンメーターなどの安全器具の設置率は１９９６年（平成８年）にはほぼ１００％に達し、翌１９９７年（平成９年）の事故件数は６８件と史上一番少ない件数となった。

１９８６年（昭和６１年）の事故件数は５１５件であったので、１０年計画で事故件数を１０分の１にするという目標は、ほぼ達成されたことになる。安全器具の設置率の向上と事故件数の減少率が反比例関係にあることが立証されたわけである。

ただ、その後の事故件数の推移をみると、１００件を超える状態が続いているので、も

図表5：LPガス安全器具設置率とLPガス事故件数の推移

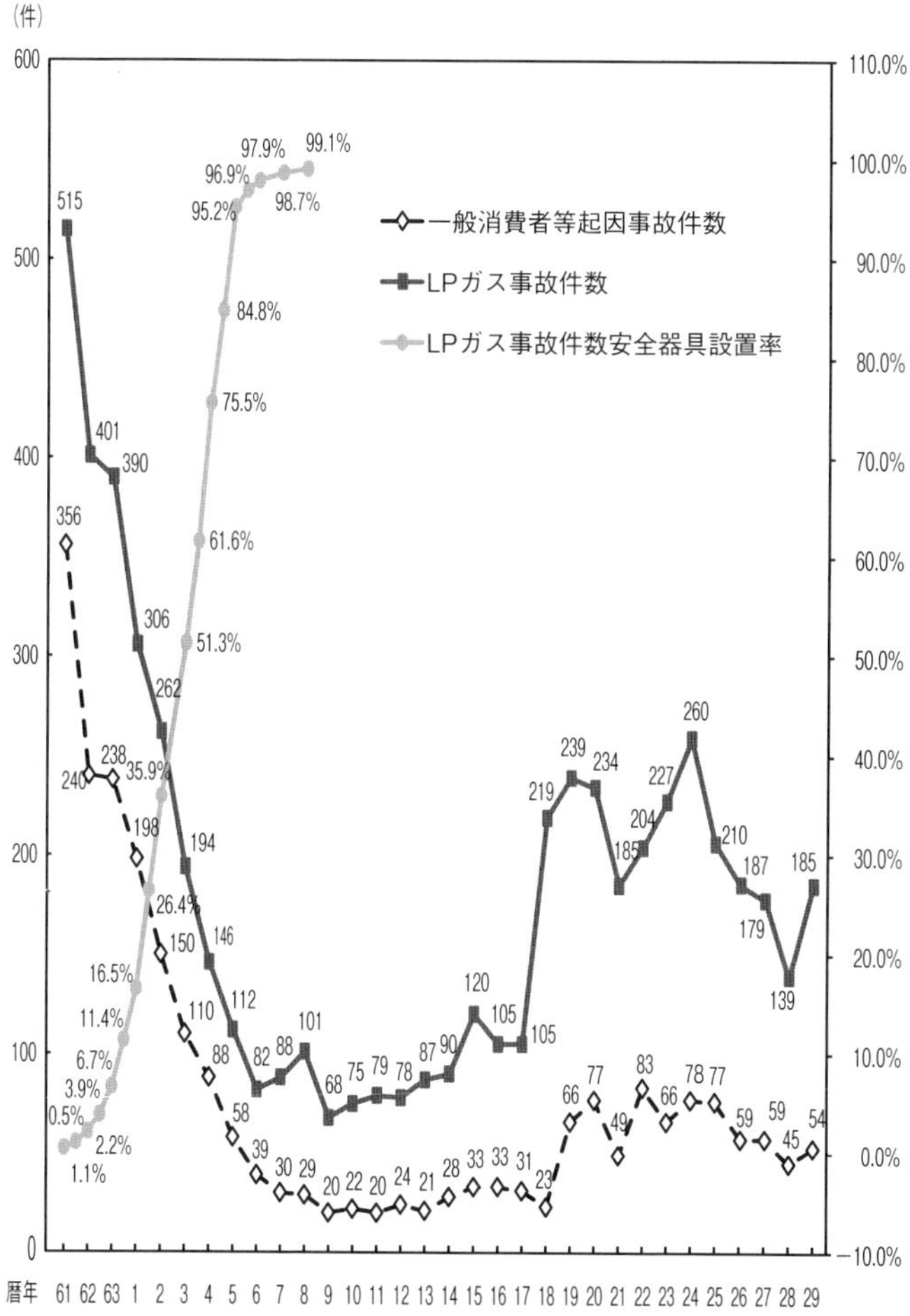

［注］速報値のため、数値が変わる可能性がある。LPガス安全器具設置率調査は平成8年をもって終了

（資料）経済産業省商務流通保安グループ、全国LPガス協会

う一度初心に立ち返り消費者保安の徹底に努め、事故件数を100件以下に、死者・負傷者数をゼロにする努力を継続していく必要がある。

(3) 過去の成功体験からの脱却

かつて日経ビジネス誌が「会社の寿命は30年」説を唱えて反響を呼んだことがある。国家や企業組織の衰退は、どうして起こるのだろうか。

ローマ史に詳しい作家塩野七生氏は、こう語っている。

「私には、興隆の要因であったと同じものが、ある時期を境にして衰退の要因に変わるからだと思えてならない。なぜこのような現象が起こるかというと、それは競争の次元が変化することによって、それまでの成功の要因であったもののほとんどすべてが、否定的な足枷に変わってしまうからである」と述べた後、それではこうした事態をいかに回避すべきか。「時代の変化に応じてこちらも変わらなくてはならない。ローマとヴェネティアの例は、我々に次のことを教えてくれる。第一に、変わると言っても、自分自身に合ったやり方で変わること。必要を越えた無理は病気を呼び、死につながる。第二だが、改革は体力の、つまり経済力のあるうちになされねば有効ではないこと」をあげ、「ローマもヴェネティアもそれをやった。ただ、それをできなくなったとき、つまり改革が後手後手に回るようになってしまったとき、一千年の寿命を誇ったこの二国も衰退をし始めたのである。

マキャベリーも言っている。「誰だって誤りを犯したいと望んで誤りを犯すわけではない。ただ、晴天の日に、翌日に雨が降るとは考えないだけである」」。

以上の記述は国家衰退のケースではあるが、企業組織についても同じことが言えるのではないだろうか。

ＬＰガス産業は、これまでは保安規制法、電気及びガスの事業法という枠組みが固定化され、業種間の競争が過度にならない状態下では、比較的平穏な業態で恵まれた状況にあった。ただ、エネルギー自由化が大きく進展した現在では、状況は一変した世界が拡がってきているので、環境変化に即応した対策が求められている。

＜参考文献＞
「ローマ人の物語」塩野七生（新潮文庫）

（4）五Ｓ活動が事故予防の基本

前述したほくさん㈱旭川充填所ガス爆発事故で痛感したことは、お盆明けという時期もあるが、運び込まれた大量のボンベが部屋の中に散乱し、足の踏み場もない状態だったということである。もう少し整理、整頓がされ、清潔な状態で作業が行われていれば事故は防げたのではないかとの思いがある。

五Ｓ活動（整理、整頓、清潔、清掃、躾）が行われている職場は、訪問しても気持ちがいいし、勤務する社員にとっても働きやすい安全な職場であるといえる。「凡事徹底」という言葉があるが、五Ｓ活動の徹底で社員の気づく力や察する力が涵養される。五Ｓ活動の中でも特に清掃と挨拶がきちんと行われている職場は、風通しの良い職場である。職場内の社員がイキイキしており、社員間のコミュニケーションもよくとれているので、事故やトラブルが生じにくいのではなかろうか。

清掃と言えば、「掃除の神様」の異名を取るのが、イエローハット創業者の鍵山秀三郎氏である。自転車一台の行商から事業を起こし、東証一部上場を果たした経営者だが、５０年以上に及ぶ掃除の実践を通じて「掃除には人を呼び寄せる力がある」と、自らの経営の原点を振り返っている。

何か行動を起こすときに大きな声を出すこと（躾）も大切である。電車の運転士、車掌が安全や信号の確認をするのに声を出している。「指差喚呼（しさかんこ）」であるが、声を出すことで、自分の行為を確かにする効果がある。

禅の世界でも掃除を重視している。台東区谷中にある臨済宗の全生庵は明治時代に剣豪山岡鉄舟が開基した寺院として、また中曽根元総理や安倍総理が座禅を組まれた寺としても知られている。住職の平井正修さんの「座禅のすすめ」によると、「一に掃除、二に信心というくらい、信仰心より上位に置かれている。それは、庭の塵を払うことは心の塵を払うこと、廊下を磨き上げることは心を磨くことだという考え方からきている」と。

筆者も全生庵で座禅を組む機会（東京銀杏会主催）があるが、座禅後に平井住職から「座禅では、調身（ちょうしん）、調息（ちょうそく）、調心（ちょうしん）ということで、身体を整え、呼吸を整え、心を整えるのです」と諭されている。凡人にとっては、なかなか無心の境地には入れないが、何事も「継続は力なり」と怠け癖のある自らを励ましている。

余談であるが、サッカーワールドカップ杯ロシア大会では、日本代表は惜しくも決勝トーナメント一回戦で敗れたが、その健闘ぶりは世界を驚かせ、また日本中を熱狂させた。敗戦後の日本代表は、ロッカールームをきちんと清掃し、ロシア語で「ありがとう」というメッセージをおいて立ち去った。これは世界中で注目を浴び、高く評価された。「たかが清掃、掃除と侮るなかれ」である。世の中の評価は身近なところにあるわけで、普段から職場の清掃に努め、快適な環境づくりをしておくことは大事なことである。

「水は方円（ほうえん）の器（うつわ）に随（したが）う」という言葉がある。この言葉が意味する通り「人の気持ちが生活環境により左右される」以上、企業としても清掃を大事にする文化、社風を確立しておくことは、事故や不祥事を招かない第一歩ではないかと思う。

(5) 笑顔での挨拶と「ご安全に」の励行

① 「笑顔という魔法」

「笑顔という魔法」は、脳研究者の池内祐二さんが中学校の国語教科書のために書き下ろした作品である。「人は楽しいから笑うのか、笑うから楽しいのか」との設問に対し、実験結果を提示している。同じ漫画本を笑顔の表情で読むのと、口を尖らせた表情で読むのとでは、面白さを感じる度合いに違いがでるという。つまり、前者の笑顔の表情で読むほうがはるかに面白いと感じるのだそうだ。よく「笑う門に福来る」、「笑顔に当たる拳（こぶし）はない」と言われるが、「笑顔は宝物」については、脳科学の見地から首肯されるようだ。

この点を踏まえると、職場の挨拶では笑顔での挨拶を励行すれば、仕事も楽しくなり効率も上がるのではないだろうか。少なくとも全く表情のない挨拶よりも、コミュニケーションが良くなり社員間の意思相通も円滑に行われることになると思う。

「幸福論」著者のアランは、「人は幸せだからほほ笑むのではなく、ほほ笑むから幸せになれる」、「人は、意欲し創造することによってのみ、幸福である」と語っている。リーダーが大きな夢や目標を掲げ、全力で皆と一致結束して立ち向かう姿勢こそが、新しい可能性を切り拓くのではないだろうか。

マザーテレサの言葉に、「愛情の反対は憎悪ではなく、無関心である」がある。社内で出会っても挨拶を交わすことすらない、無関心・無表情が蔓延する職場では、チームワークが機能せず、事故や不祥事が起きやすい環境にある。事故や不祥事を予防する観点からも、お互いに元気よく笑顔で挨拶をしあう職場づくりが大事である。

②「ご安全に」挨拶の励行

モノづくりの工場や事業所を訪問すると、「ご安全に」を挨拶代わりにしている職場がある。「ご安全に」は、朝昼晩いつでもどこでも、また誰に対しても使える便利な言葉である。社員同士、関係者との挨拶代わりになるし、また安全最優先の意識を自覚し共有することにも役立つので、安全確保が不可欠なＬＰガス事業所・工場でも、広く普及していくことが期待される。

もともとはドイツの鉱山で「ご無事で」という意味の坑夫の挨拶が由来である。危険を伴う建設工事現場の朝礼で今日も「ご安全に」との締めの言葉を聞くと、気持ちがシャキッとする。「ご安全に」は使った本人だけではなく、相手に対してもご無事を祈る気持ちが伝わる。この言葉が「セーフティーファースト」（安全第一）を掲げる職場で使用されているのもよく分かる。

マイコンメーターはハード面の安全器具として事故防止に貢献したが、職場での「ご安全に」挨拶の励行は、ソフト面での安全意識、保安マインドの高揚に寄与するものと思うのだが、どうだろうか。

③「ありがとう」の励行

エネルギー自由化時代の到来で、消費者はエネルギー源を自由に選択できるようになった。そこで消費先では、「(いつもLPガスを使っていただき)ありがとう」と感謝の心を伝える。消費者から「(いつも安全にガスを提供していただき)ありがとう」との感謝の意が伝わると、消費先との絆が固く結ばれていることが実感できる。

LPガス事業は地域密着性が高い業種であり、顧客との距離が他のエネルギーに比べ近いという特徴がある。そのメリットを有効活用してサービス面での充実強化に加え、「ありがとう」挨拶を丁寧に励行していけば、選ばれるエネルギーとして成長する余地は十分あるのではなかろうか。

余談ではあるが、東北大震災時に津波による冷却機能の喪失で危険な状態に陥った原子炉の冷温停止作業の指揮を執った東京電力福島第二原発所長の増田尚宏氏は、船橋洋一氏との対談の中で「後でみんなから言われて嬉しかったのは、「所長に何か報告すると、必ず「ありがとう、よくやった」と、「ありがとう」をつけてくれた。それが励みになりました」という言葉でした」と述懐されていた。危機的な状況下でメルトダウン(炉心溶融)という最悪の事態を防ぐためには、リーダーと作業チームの一体感とチームワークが不可欠である。「ありがとう」という所長の一言が、作業チームの連帯感と結束力を高めたのは事実であり、紙一重の危機管理時におけるリーダーシップの在り方に一石を投じるものだった。（福島第一原発では炉心溶融が起きてしまったが、福島第二原発ではすべての原子炉を冷温停止することができたのは、不幸中の幸いであった）

＜参考文献＞
「原発敗戦―危機のリーダーシップとは―」船橋洋一（文春新書）

(6) バルク20年検査の確実な履行

国内でＬＰガスバルク供給システムが普及し始めたのは１９９７年からであり、２０１７年１１月までにバルク貯槽の製造基数は累計で２９万３、６８２基になった。２０年を超えたバルク貯槽は使用できず、それまでに廃棄するか、告示検査をすることになる。これからバルク２０年検査が本格化するが、ピーク時には毎年２万基をこえる交換需要が生じる見込みである。

人手不足が進む中で、廃棄にせよ、リプレースにせよ、課題は山積している。作業従事者の確保、残ガス回収貯槽と設備の確保、バルク貯槽置き場の確保、くず化業者の確保などがあり、計画的な前倒しが求められている。

バルクメーカー、バルク貯槽の回収・廃棄場所となる容器検査所などは、関連機器の整備、共同会社の設立などの準備を進めているが、事故やトラブルを起こすことなく平穏に処理作業が進展することを期待したい。

政府が作成した平成30年度の保安対策指針では、「LPガス販売事業者は、自社の従業員のみならず、20年検査への対応に関係する工事事業者、運送事業者に対し、LPガス事故防止に努めるよう保安教育を積極的に実施し、事故防止に努めること」が新たに特記された。

他方、廃棄されるバルク等の残ガス量は累計すると膨大なものになる見込みであるので、資源の有効利用も併せ考慮していく必要がある。

(7)「保安確保に終着駅はなし」

「保安確保という列車には、終着駅がない。絶対安全という駅がない」ということを忘れてはならない。安全学を提唱されている国際基督大学教授の村上陽太郎氏は、「安全対策は尽くしたと思った瞬間から崩壊が始まる。仮に航空機事故が起こった場合、直ちに人や技術が投入されて対策が進む。しかし、安全な状況が続くと、その対策は縮小される。そこで事故が起きる」と述べている。

近年は後継者難や人手不足から事業撤退が進み、M&Aによる合併買収が進展しやすい状況にある。この場合問題となるのは、合併買収先の保安・安全レベル、法令遵守体制の構築如何である。相手先の保安レベル、法令遵守状況の把握に努め、安全レベルの低下が生じないような仕組みを講じる必要がある。

また、法令遵守をしていたからといって、事故が起こらないという保証はないし、事故が起これば、法令遵守だけでは免責事由にはならない。事故を起こせば、道義的責任或いは社会的責任が厳しく問われるからだ。法令や規則は技術開発の状況、コスト対効果等を勘案しながら、全体的に見て守られる規制レベルを前提に措置されるのが通例であるので、最新の技術を踏まえての規制、最高レベルの規制基準とはなりえない側面がある。

経済産業省の調査では、高圧ガス関連の重大な事故件数の中で法令違反に係る事故は全体の約１０％程度であり、残りの約９０％は法令を遵守していても起こった事故である。このことは事故撲滅のためには、法令遵守に加えて、自主保安体制の確立が不可欠であることを示している。

近年は、規制緩和、自由化が進む中で、規制立法の体系が事前に規制を行う事前監視型から、事後的に厳しいチェックを行う事後監視型に大きく転換してきている。ということは民間企業の社会的責任が広範囲に問われる時代になってきているわけである。

経済社会構造が大きく変化し技術進歩も進展する中で、法規制・技術基準についても、常に時代に即応しているわけではない。不合理、不都合な点がある場合（例えば、過疎地における３０分駆けつけ規制、カップリング付きＦＲＰ容器の保安規制など）には、諦めずに行政当局とも意見交換していくことが大事である。

「保安確保に終着駅はなし」は、法規制についても同様である。以下には筆者が関係した規制法制間の整合性について補足しておきたい。〈注参照〉

〈注〉高圧ガス保安法、電気事業法、ガス事業法間の整合性

近年は、天然ガス需要の拡大を受け、全国各地でＬＮＧ基地が建設されている。最初の頃は、電力会社や大手都市ガス会社が単独で建設していたので、適用法令は電気事業法、ガス事業法に限られていた。しかし、産業界の天然ガス需要の高まりを受け、電力会社や都市ガス会社以外の業種の企業も基地建設に加わるようになってくると、適用法令に高圧ガス保安法も入ってきた。退官後、電力会社の方から「高圧ガス保安法の適用を受けたＬＮＧ基地を建設したいが、電気事業法やガス事業法に比べ、規制レベルが厳しすぎるので、何とかならないでしょうか」との相談を受けた。関連する三法の規制体系を比較してみると、確かに高圧ガス保安法が厳格過ぎるようだ。これは高圧ガス保安法では、ＬＮＧ基地への適用は想定外だったことに加え、大企業性の高い電力や都市ガスとは異なり、中小企業も含めた規制体系を前提にしていることが原因しているのではないかと思われた。そこで経済産業省や高圧ガス保安協会にも、関係者が詳細な資料を添えて要望を重ねた結果、高圧ガス保安法の技術基準が改正され、現在では三法間の整合性はとれたものになっている。

（8）自主保安体制に必要な人づくり

自主保安体制の確立を目指すには、先ず人づくり、人材の養成が大事である。「企業は人なり」からすれば、保安意識、安全マインドの高揚と人材の養成は不可分の関係にある。求められる人材の資質としては、フットワーク、ヘッドワーク、チームワークの三つのワークを中核に、ネットワーク、ライフワークの二つのワークの組み合わせた五つのワークを兼ね備えた人材の養成が大事である。

①フットワーク（現場力）

昨今の産業保安事故の背景を見ていくと、作業現場の誤操作、確認ミス、誤判断など現場力、フットワーク力の低下があるのではないかと思われる。工場、事業所では、現場、現物、現実の三つ、即ち現場で不具合を生じた現物を見て、どのような状態にあるか（現実）を確認した上で、マニュアルに沿って対策を講じることが大事である。ただマニュアル外、想定外の事態が生じた際は、フットワーク（現場力）だけでは限界があるので、次のヘッドワーク力が重要になる。

②ヘッドワーク（考える力）

工場、事業所で起きる様々なトラブルや異常な現象について察知し、何故かと考える習慣が大事である。普段から考える習慣を身につけておくと、危険予知・対応力を高め、事故やトラブルを未然に防ぐことになる。特にマニュアル外、想定外の事態が生じた際は、ヘッドワーク力を総合的に活用し、事態の変化に即応した解決策を実行していくことが求められる。

③チームワーク

チームワークとは、組織に属している構成メンバーが共通の目標に向かって協力し合い、成果を上げることである。昨今は成果主義の影響からか、競争意識が先行し、同僚との情報共有が困難になってきていると言われる。しかしながら、こと安全・保安の確保に当たっては、全員野球の精神、チームワークで一致結束して業務の遂行に当たることが大切である。

④ネットワーク

事業活動を円滑に進めていくには、様々な外部機関、関係組織との連携といった、ネットワークの形成が大切である。いろいろな専門分野の人脈があれば、何か困った事態やトラブルが生じた際にも、適切な助言を受け、切り抜けることができるからである。世の中が複雑化し変化のスピードも速くなっているので、アンテナを高く立て良質な情報へのアクセス、受信能力を高めておく必要がある。

⑤ライフワーク

仕事以外に生涯にわたり追及できる趣味・娯楽を持つことも大切である。仕事外の分野で夢中になれることは気分転換になるし、また新しいアイデアがわきやすくなる。ライフワークを持つことで、複眼的な思考による創意工夫の余地が生まれる。作家の城山三郎流で言えば、仕事以外の「無所属の時間」をもつことで、新しい境地・新しい発想が生まれる可能性があるのではなかろうか。

上述した五つのワークを兼ね備えた人材からなる集団組織は、多様性のある柔軟な組織体であるので、想定外の事態に遭遇したとしても的確に対応できるのではなかろうか。

さらに、人材養成という観点からは、定年退職を迎えた熟練社員から若手社員への技術・技能の伝承が円滑に行われ、工場・事業所の安全レベルが維持される必要がある。

藤沢周平の晩年の名作である「三屋清左衛門残日録」では、隠居後の清左衛門の生き方、社会とのかかわり合いを丁寧に描くことで、定年退職後も活躍できるチャンスがあり、社会からも期待されているというメッセージを発信している。

城山三郎は作品の中で、「人は年を重ねれば重ねるほど、年齢からどんどん自由になれる。あの小うるさい「年齢」という名の介添え役を置いてけぼりにすることができる」と語る。こうした元気あふれるシニア・シチズンを活用しない手はないのではなかろうか。

〈参考文献〉
「三屋清左衛門残日録」藤沢周平（新潮文庫）
「無所属の時間で生きる」城山三郎（新潮文庫）
「余熱」城山三郎（光文社文庫）

(9) 安心・安全の確保を最優先にする企業文化・社風

これからの時代は、顧客に対し安心・安全の確保を最優先に提供する企業文化・社風が大事である。というのは、エネルギー自由化、インターネット時代の到来により、今まで以上に消費者がエネルギー事業者を自由に選べる環境が整ったからである。

ＬＰガス事業に限らないが、全国の工場、事業所を訪問すると概ね、「お客様第一」や「安全第一」という経営理念・指針が掲げられている。ただ、日常の営業活動では、「売り上げ第一」、「利益最優先」になり、企業が掲げている経営理念・指針と実際の行動が一致していないケースがあるようだ。こうした理念と行動が一致していない企業は、長期的にみて消費者の信頼・信用を築くことは困難である。

企業が持続的成長を遂げていくためには、顧客志向の経営理念・指針に沿った行動・活動を継続していく必要がある。今後増加すると思われる企業連携、合併に当たっても先ず、顧客視点の経営理念を双方共有できるかどうかが大事になる。単に、経費節減等の合理化のためとか、大きくなることでシェア確保したいといった事業者目線では、長続きしないのではなかろうか。

日本企業の強さの背景には、企業が社員を定期的に教育・研修している点があげられる。経営理念や行動指針の周知徹底を図る社内教育の充実・強化は、会社の魅力と社員の人間力を高め、消費者との信頼関係の強化にもつながる。

とりわけ地域性が高く、顧客密着度も強い業種であるＬＰガス産業にあっては、安心と安全を提供するという創業の理念に沿って、顧客に満足と喜びを与える事業を着実に展開することが大事である。こうした創業の精神・伝統の重みを踏まえた事業展開こそ、消費者との絆を強め顧客から選ばれ続ける源になるのではなかろうか。

(10)「独立自尊」の精神で活路開拓

「独立自尊」は明治期の福澤諭吉の言葉であるが、いまこそこの精神に立ち返る必要があるのではなかろうか。情報化社会が進展し、デジタル化が進むと、人は動かなくても情報やモノが入手できようになる。こうなると人のエネルギー、パワーは低下し、考え方も保守的になってくると言われている。

建築家の安藤忠雄氏は、「これからの時代というのは「独立自尊」で、自分で考え自分で行動するようにしないと生きていけないのではないでしょうか。皆がスマホを持ち、適当な情報を持っている。でも自分なりの情報と、自分なりの体力、自分なりの知的能力を持たないと、生きていけないと思うんです」と語っている。学歴がないというハンディキャップを逆バネ、エネルギーにして自立した奇跡の建築家として有名な同氏は、文字通り「独立自尊」の精神を体化した人物と言える。

エネルギー自由化など社会が激変する中で「前例踏襲」が全く通用しない時代には、「独立自尊」の精神での新たな企業文化、仕事のやり方の創意工夫などの経営革新が必要不可欠になってきているのではなかろうか。

〈参考文献〉

「安藤忠雄の奇跡」日経アーキテクチュア編（日経BP社）

2. 分散型エネルギーとしての役割

（1）ＬＰガスの特性・位置づけ

「エネルギー基本計画」の中では以下のようなＬＰガスの特性を踏まえ、高い位置づけが明確にされている。

第一には、北米シェール随伴の安価なＬＰガスの購入が進み、地政学的なリスクが小さくなってきていること。米国産ＬＰＧの輸入量の増加による中東依存度の低下、調達先の多様化は、ＣＰ（サウジアラビアでの船積み価格）への牽制となり、ＣＰとモントベルビュー（ＭＢ）の二つに選択肢を増やしたこと。

第二には、温室効果ガスの排出が比較的少なく、発電においては、ミドル電源（電力需要の変動に応じて出力を調整できる電源）として活用が可能であること。

第三には、最終需要者への供給体制及び備蓄制度が整備されていること。

第四には、可搬性、貯蔵の容易性に利点があることから、平時の国民生活、産業活動を支えるとともに、緊急時にも貢献できる分散型のクリーンなガス体エネルギーであること。

上記四つの特性に加えて、もう一つの特性は、ＬＰガスの熱量が高いという点である。熱量は大手都市ガスが１１，０００キロカロリー／立方メートルであるのに対し、ＬＰガスは約２．２倍の２４，０００キロカロリー／立方メートルに達する高カロリーである。

このようにＬＰガスは熱量が高いため、熱量の低い都市ガスに増熱剤として供給されている。今後、輸入が拡大すると見込まれる北米産シェール天然ガスはより熱量が低いとされているので、熱量の高いＬＰガスが高カロリーガスとして活躍できるチャンスは拡がるものと思われる。

（2）災害時の役割

２０１１年（平成２３年）３月１１日の東日本大震災は東北地方に未曾有の大被害をもたらしたが、分散型エネルギーのＬＰガスは軒下在庫・カセットコンロの活用により、炊き出し、お風呂など災害時における役割を如何なく発揮した。

災害時にＬＰガスが貢献した背景には、通常一か月程度の供給が可能である軒下在庫の存在があった。東日本大震災を受けた岩手県、宮城県、福島県等の地域は、日常的にＬＰガスを利用していたことから、軒下在庫が役立ったものである。さらに被災地に寄贈・供与されたカセットコンロとボンベも如何なくその機能を発揮し、民生の安定に寄与した。

災害時におけるＬＰガスのこうした活躍が高く評価され、エネルギー基本計画では、災害時におけるＬＰガスの果たす役割及び課題について、次の通り言及している。

・「災害時にはエネルギー供給の「最後の砦」となるため、備蓄の確実な実施や中核充填所の設備強化などの供給体制の強靭化を進めること」

・「ＬＰガスの料金透明化のための国の小売り価格調査・情報提供や供給構造の改善を通じてコストを抑制することで、利用形態の多様化を促進すること」

・「ＬＰガス自動車など運輸部門において更に役割を果たしていくこと」

東日本大震災時においては、ガソリン供給不足のため、ＬＰガス自動車が活躍したことから、今後はＬＰガス車の普及促進も大きな課題である。東京理科大学の橋川武郎教授によると、「東日本大震災で助かった被災者は、一にＬＰガス、二に自衛隊が役に立った」とのことである。

直近の災害としては昨年（２０１８年）７月の西日本豪雨が記憶に新しい。各地で河川の氾濫や土砂崩れを招き、大きな被害をもたらした。ＬＰガス容器の流出も相当数発生し、営業所や充填所も損傷したが、関係者による容器の回収・安全確保、設備・機器の復旧などが迅速に行われたことで二次災害を防止することができた。

孔子の言葉に「是の故に君子は安くして危うきを忘れず、治にいて乱を忘れず」（君子は安全だと思っても危険ではないかと用心し、平和であっても乱れるのではないかと用心する）がある。

「天災は忘れたころにやってくる」は寺田寅彦の有名な警句であるが、平時においても災害に備えて万全の態勢を整えておくことは不可欠だと思う。この意味では、備蓄体制の整備も重要である。緊急時対応のＬＰガスの国家備蓄は、全国５基地１５０万トン規模となっている。以前は国家備蓄の放出要件は海外からの供給途絶等に限定されていたが、改正後の石油備蓄法では、災害により国内の特定地域への供給が不足した場合にも、国家備蓄Ｌ

Ｐガスの放出が可能になったことは大きな前進である。＜注参照＞

さらに、東日本大震災時に停電等で多くのＬＰガス充填所が稼働停止に追い込まれ支障をきたした経験を踏まえ、ＬＰガス発電機等を備えた中核充填所が全国各地に整備されたことは、災害時にも貢献できるＬＰガスへの大きな支援材料である。

なお、国家備蓄体制の整備等に伴い、民間備蓄の軽減措置がなされたが、空いたタンクの有効活用等により元売りコスト低減、ひいては小売り料金の低下につなげていくことが期待される。

＜注＞国家備蓄の放出と法改正

東日本大震災時に筆者は鹿島液化ガス共同備蓄会社の社長を務めていたが、被災地のＬＰガスの安定供給に資する観点から、政府の要請を受けて当基地が隣接の神栖国家備蓄基地からの供給を受け入れ、史上初めての国家備蓄の放出に立ち会ったのが懐かしく思い出される。このときは法改正前の法体系（石油備蓄法）であったが、資源エネルギー当局が弾力的・機動的な対応をとられたことで、被災地のＬＰガス不足が現実化することはなかった。このときの経験を踏まえて、2012年（平成24年）に石油備蓄法が改正され、国家備蓄の災害時の対応に関する規定が明記された。

264

とが前提となる。

（3）平時の備えが大事

災害時にLPガスがその機能を発揮するためには、平時からLPガスを使用していることが前提となる。

ただ、首都圏直下型地震等大地震が想定されている大都市部では、災害時に供給遮断の恐れがある導管供給方式の都市ガスが主力である。このため、大都市部で災害時に避難所となる学校、体育館などの公共的施設や被災者の救命に当たる医療施設には、系統電力や都市ガスの供給が途絶しても、災害対応型バルクや非常用発電機、GHPなど、LPガスを普段より利用するLPガス設備を常設化することで、ライフラインの機能を維持しておくことが望まれる。また、平時のみならず緊急時にも役立つカセットコンロとボンベを一定数常備しておくことも大事である。

さらに、都市ガスのバックアップとしてLPガスを希釈して都市ガス管に供給するために、プロパンエアーの13Aをつくり出す装置（移動式ガス発生装置）をあらかじめ準備しておくことも重要である。

プロパン・ブタンニュース紙によると、「大阪府箕面市では、避難所での活用を考慮し、市内20の小中学校体育館にLPガス仕様のGHP計56台1056馬力と非常用発電機（9．9キロボルトアンペア）を導入した。全域が都市ガス供給区域内で市はLPガスの特性や保安、供給体制、コスト面を高く評価。設計段階から都市ガスを計画にいれず、電気空調との競合の結果、ＬＰガス空調と発電機を採用した。総務省の緊急防災・減災事業債を活用した事例としても、きわめて珍しい」と。箕面市教育委員会の藤迫教育長は「熊本地震における熊本市の事例では最大１１万人が被災し、このうち６万人が学校施設に避難している。学校施設には避難した市民の安全と安心を守るという役割がある。災害はいつどこで発生するか分からない。万が一の際には整備した空調設備が活用されることを願っている」と述べている。今後はこうした箕面市の先駆的な事例が、全国各地の都市部で拡がることを期待したい。＜注参照＞

２０１４年（平成２６年）４月に設立されたＮＰＯ法人「ＬＰガス災害対応コンソーシアム」（田島裕之理事長）は、東日本大震災時における反省を踏まえたものである。系列を超えた広域連携による供給力強化を目指し、災害時における事業継続計画（ＢＣＰ）の作成、災害時における情報交換システムの構築など定期的に研修会を積み重ねている。今後は、元売りなど上流部門との緊密な連携、東京都等の自治体との協調、ＢＣＰに精通した人材の育成が重要な課題である。

＜注＞１．公立小中学校への空調設備導入計画

プロパン産業新聞によると、文部科学省は最近の猛暑を受けて、全国の小中学校に空調設備を設置する方針を固め、２０１９年度予算要求で「学校施設環境改善交付金」を計上

（18年度補正予算でも計上）した。公立小中学校の空調設置率は現状では半分以下であることや、空調未設置の自治体はLPガス供給エリアが多いので、電気冷房（EHP）とLPガス冷房（GHP）との提案勝負になりそうだ。電源自立型のGHPはEHPよりランニングコストで優位であり、災害対応で有効でもあるので、今後は関係自治体へのPR活動を強化していくことが求められている。

＜注＞2．箕面市長のコメント

市内の全小中学校にLPガス仕様のGHPと非常用発電機を導入した倉田哲郎市長は、プロパン・ブタンニュース紙上で、「LPガスは死なないライフライン。避難所にこそ必要性が高い。業界や地元の販売事業者は厳しい環境に踏ん張っていただかないといけない。コスト試算でも問題なかった。有力な選択肢を示してもらい感謝している」と語り、LPガス業界に対し感謝と激励のエールを送っている。

3．少子高齢化社会への対応

(1) 集中監視システムの普及促進

集中監視システムは、集中監視センターで消費先のマイコンメーターからの情報を受けて、最大流量オーバー、使用時間オーバー予告及び遮断、微小漏えい警告などが行える機能を有している。また、消費者からの消し忘れ通報、供給開始時点検・調査前の無断開栓等を受けて遠隔遮断することもできる。

このように24時間、365日体制で消費者のガスの保安を監視するシステムなので、消費者は安心してガスを使用できる。

集中監視システムを導入している事業者（認定販売事業者）には、導入率に応じて恩典が付与されている。導入率が70％以上でCO警報器が設置され、CO警報器連動遮断などを有する事業者には第一号認定とされ、業務主任者の選任基準が緩和されるなどのメリットが与えられている。導入率が50％以上の事業者には、緊急時対応の要件が緩和されている。

こうした認定事業者は平成30年3月末現在で246者と全体の1％程度であるが、「エネルギー基本計画」では、少子高齢化社会に対応するため、「集中監視システムの導入による「認定販売事業者制度」の取得の促進」が特記されている。今後は、集中監視システムによる認定販売事業者制度の活用がさらに進展することが期待される。

（2）高齢者向けサービスの進化

少子高齢化が進展する中で、お年寄り世帯が増加している。LPガスは一般消費先にボンベの戸別配送を原則としているので、こうした高齢者世帯を巡回した際に気軽に声をかけ、高齢者の安全・健康状態を確認することができる。

　例えば、茨城県高圧ガス保安協会では、地域に密着したＬＰガス業界という特色を活かし、「安全・安心届け隊」事業を実施している。ＬＰガス事業者が業務の傍ら、高齢者の見守り活動や防犯パトロールなどを実施し、地域社会の安全・安心を確保している。

　コンビニエンスストアは当初は購買してすぐに消費する商品が中心だったが、最近では消費者のニーズに応じ、フィットネスマシーンやカラオケ装置を設置したり、生鮮・日用品の宅配サービスをするなど業態の進化を遂げ、発展してきている。

　現場・客先からあがってくる様々なデータ、日報は貴重な情報源である。これらの情報を丁寧に分析することで、新しいビジネスのタネが見つかるかもしれない。ＬＰガス事業者も飲料水、電気、都市ガス事業への展開だけではなく、地域の高齢者世帯が抱えている悩みごと、要望に対しきめ細かく対応していく「新たな御用聞きビジネス」を深耕させる中で、独自の存在意義を示せることができるのではないだろうか。他の業態ではカバーできない高齢者向けサービスの充実など、コンビニ同様の独自の進化を遂げる中で、ＬＰガス産業が地域の高齢化社会を支える重要な役割を発揮することが期待されている。

４．需要拡大と並走する事業拡大を

（１）需要開拓

国内のＬＰガス需要は、１９９６年度１，９７１万トンのピークに達したのち、減少傾向をたどり、近年は１，４００万トン台にまで落ち込んでいる。需要減の要因は、人口減少という一般的な事情に加えて、オール電化住宅の増加や、都市ガス供給エリアの拡大などによるものである。

ただ今後は、二酸化炭素排出量低減の観点からの産業分野の需要増や都市ガスの熱量調整用のＬＰガス需要増が見込まれている。

エネルギー基本計画では、「低炭素化の観点からも、熱電併給により高い省エネルギーを実現する家庭用の定置式燃料電池（エネファーム）等のＬＰガスコージェネレーション、ガスヒートポンプ（ＧＨＰ）等の利用拡大、電気・都市ガス事業、水素燃料供給事業への進出や、アジアへのＬＰガス安全機器の輸出などに取り組むことが求められている」、「さらに、現在でもタクシーなどの自動車はＬＰガスを主燃料としており、将来的にはクリーンな船舶用燃料として、運輸部門における燃料の多様化を担うことも期待される」と、ＬＰガスの今後の需要拡大について、前向きな記述がされている。

また、高効率ＬＰガス機器であるエコジョーズ、ハイブリッド給湯器、Ｓｉセンサーコンロなどの拡販も重要である。

さらに、最近開発されたカラフルなコンポジット容器（ＦＲＰ（繊維強化プラスティック）製ＬＰガス容器）は軽量で、持ち運び・操作も簡単なので、ＬＰガスのイメージアップや消費者の利便性の向上にも貢献することが期待される。カップリング方式で容器と調整器及びガス器具との接続がワンタッチで簡単であるし、安全性も確保されている。屋外での使用もさることながら、室内での使用も簡単、安全にできる装置付きなので、今後、都市ガスエリアでの普及促進につながることが期待される。

他方、保安機器メーカーや消費・供給機器メーカーも安全性が高く、性能にも優れた製品を開発、提供することにより、マーケットの拡大に資することが望まれる。

（2）事業の多角的展開と人材確保

災害に強いＬＰガスの特性を活かした事業展開が進んでいる。首都圏では、岩谷産業やレモンガス等を中心として、ＬＰガスによる防災対応型レジリエンスマンションの建設が行われている。集合住宅への非常用ＬＰガス発電機や災害対応型バルクなどの設置整備は、いざという時にその地区にあるＬＰガスを迅速に活用できるようにする発想によるものであり、都市ガス地域における今後の広がりが期待される。

さらに、神奈川県小田原市では産学官連携で、戸建て住宅を対象にＬＰガスの利用をベースにした安全・安心で健康・快適なまちづくり、経済性を追求した「スマートコミュニティ構想」の具体化が検討されている。これはレモンガスを中核にした構想であるが今後、こうした街づくりを絡めた未来志向のプロジェクトが拡大していくことが期待される。

地域密着性の高いLPガス業界は、ガソリンスタンドや飲食店等の業種とは異なり、固定客ファンづくり、顧客の囲い込みがしやすいという有利性を持っている。経営多角化に当たっては、こうした特徴を活かした経営展開も大事である。主要各社が取り組んでいる飲料水事業もこのラインに沿ったものだが、これ以外の分野への積極的な展開も望まれる。例えば、ＴＯＫＡＩグループは、情報通信事業、特にケーブルテレビ事業では地域における固定客比率を飛躍的に高め、成長産業に仕立てている。

こうした事業展開を図るうえで障害となりうるのが、人材の確保である。少子高齢化が進む中で、人手不足問題は深刻化する恐れがある。これからは、高齢者、女性の有効活用ができるかどうかが、成長の鍵を握っている。働きやすい職場づくりに加え、働きに応じた処遇をきちんと整備すれば、社員のモチベーションも上がり、やりがいをもって仕事ができるはずである。その結果、従業員の定着率も向上し、人材確保も容易になるのだと思う。

サービス業の世界には、「社員は、会社が自分を扱ったようにお客を扱う」という格言がある。社員の職場満足度１００％の企業には、魅力ある企業として人材の確保も容易になるし、最終的な目標である顧客満足度の向上ひいては業績の向上も可能になるのではなかろうか。

5．環境変化は飛躍のチャンス

（1）エネルギー自由化で群雄割拠の時代へ

通商産業省（現経済産業省）で３０年前に保安課長をしていた当時を振り返ると、ＬＰガス業界は、松尾芭蕉の名句「古池や　蛙飛び込む　水の音」の世界、つまり「静」の世界だったように思われる。

ところが今では、エネルギー自由化を迎え、業種間の競争が激化し「動」の世界に変化したように見える。

もちろん以前にはボンベ倒し等により相手の顧客を奪う行為もあったが、都市部の一部に限定されていたし、また水面下での話し合いや暗黙のルールで一定の調和、秩序が図られていたように見受けられた。さらに厳しい保安規制が参入障壁となり、他業界からの参入は困難を極めていた。このような予定調和的な時代では、守備固めをきちんとしておけば一定の利益は確保できたわけである。

しかしながら、エネルギー自由化の到来は、競争環境を一変させた。従来の守成だけの姿勢ではじり貧状態になる可能性が高まったので、攻勢防御のスタンスが不可欠となってきたし、創意工夫をこらした経営の展開次第では新天地が開拓できる余地も大きく広がった。その意味では、群雄割拠の時代に入ったともいえる。

首都圏市場でも活発な動きがみられるようになってきたので以下では、具体的にそうした動きを見てみる。なお、会社の名称については、紙面の都合により略称にさせていただいた。

㈱サイサンは、アジア・太平洋地域で「総合エネルギー・生活関連事業」でのリーディングカンパニーを目指して、電気・都市ガス事業にも注力している。

日本瓦斯㈱は、ＩｏＴ、ＡＩ技術をフル活用、業務効率化をするとともに、東京電力との提携により東京ガスのエリアに積極的な営業活動を展開している。

レモンガス㈱は、ＬＰガス・コジェネ等を活用した「エネルギー自立型マンション」の建設、水事業の全国展開、都市ガス事業にも積極的に進出している。

㈱トーエルは、都市ガス小売り自由化にも対応できる体制の整備、ライフラインパッケージとしてＬＰガス、水、電気、通信のセット販売の提案を進めている。

岩谷産業㈱は、通信機能付きガス漏れ警報器の開発、電力会社向けへの都市ガス増熱用

ＬＰガスの供給、都市ガス事業への進出等により事業の拡大を図っている。

ＴＯＫＡＩ㈱は、顧客の多様なニーズに応えるトータルライフコンシェルジュ構想の推進、Ｍ＆Ａを絡めたガス事業、ＣＡＴＶ事業の拡大にも注力している。

堀川産業㈱は、都市ガス事業への進出を果たすとともに、太陽光発電等の再生エネルギー事業も積極的に展開し、業容の拡大を図りつつある。

富士瓦斯㈱は、都内に充填所を有している有利性を活かし、都心への侵攻作戦を積極化し、屋外暖房機など新たなＬＰガス商材の開拓を図っている。

アストモスエネルギー㈱、ＥＮＥＯＳグローブ㈱、東京ガスリキッドＨＤ三社は連携して、ＩｏＴ、ＡＩを活用した配送網の構築などの合理化策の検討に着手している。


以上のほかにも、㈱ミツウロコ、シナネン㈱などの企業グループでも独自の事業展開をしているが、紙面の関係で割愛させていただいた。

このように首都圏市場では、主要な企業は再生エネルギー事業に注力したり、電気事業、都市ガス事業等にも積極的に参入してきている。

エネルギー自由化により業種間の壁が低くなってきた激動の時代は、いわば「アップサイドダウンの時代」（逆転現象の時代）であり、従来の常識が通用しない。それだけに経営者の才覚が厳しく問われることになる。逆に言えば、才覚さえあれば、企業規模はあまり関係ないともいえる。小企業であっても創意工夫をこらした事業展開を行うことにより生き残ることは可能である。経営資源で足らざる部分は他社と組むことで補強することもできる。大企業だからといって安心だという環境下にはないが、「イノベーションのジレンマ」（革新的なイノベーションへの立ち遅れ）に陥ることなく、進取・先取りの精神で効率的な事業展開ができればより大きく発展することもできる。いずれにせよ、今後は規模の大小にかかわらず、事業展開の巧拙、創意工夫如何により発展する企業があらわれる反面、衰退し退場する企業もでてくるだろう。

（2）「学べば朽ちず」の精神

江戸後期の儒者である佐藤一斎の処世訓「言志四録（げんししろく）」の一節には、以下の言葉がある。

「少（わか）くして学べば、壮にして為すあり」
「壮にして学べば、老ゆとも衰えず」
「老いて学べば、死すとも朽ちず」

ＬＰガス産業は草創期から半世紀を経たが、その発展の歴史は事故との闘い、事故克服の歴史であったことを忘れてはなるまい。

論語の言葉に「学びて思わざれば則ちくらし、思いて学ばざれば則ちあやうし」がある。つまり学ぶことと考えることとは、どちらか一方では不十分であり、両方を実践して初めて事を成す力となることである。これは日々難問に取り組む企業経営の現場でも通用する言葉だと思う。

江戸時代の国学者本居宣長は学問論の中で、「学ぶということは、なによりも継続的努力が肝要であって、どんな風に学ぶか、或いは才能の有り無し、年をとっていることや、忙しい日常であることなども、継続的努力の前には、必ずしも決定的な阻害要因ではない」（現代語訳）と述べている。とかく自分に言い訳して努力を怠りがちな私たちに対し、叱咤激励しているように受け止めた。

業界関係者の中には、８０歳を超えてなお現役で活躍して方も多い。業界紙関係だと、石油化学新聞社会長の成富健一郎氏である。今も現役記者としても現場で取材されているが、鋭いレポート・コメントはさすがである。

石油産業新聞社会長の村岡清男氏からは、「叱り飛ばす」行政から「褒めて誘導する」行政への転換を推奨されたことが記憶に残っている。

首都圏で８０歳を超えて活躍している経営者の中では、お二人を特記したい。一人は「商いは全ての人に仕えること」をモットーに事業を多角的に展開し、東証一部上場という偉業を成し遂げた㈱トーエル名誉会長の稲永修氏である。二人目は、「カロリーは文化である」との信念のもとに、都市ガスよりカロリーが高いＬＰガスの有効利用を多角的に進めてきたレモンガス㈱会長の赤津一二氏である。ＬＰガス産業の発展に大きく貢献された両氏は、常に好奇心をもって学びつつ実践する姿勢を貫いている。「学びは最高のレジャー」と言われる所以でもあろう。

保安課長（通商産業省）時代に遡ると、岩谷産業㈱岩谷直治会長（当時）からいただいた毛筆かつ巻紙様式での長文のお手紙は、誠に印象深いものだった。お手紙の中では、「（筆者が強調している）自主保安の精神こそがご自身の創業の理念である」ことが、事細かく綴られていたからである。

「不易流行」という言葉がある。その含意は、「残し伝えるべきものはきちんと残し、変えるべきものは勇気をもって変える」ということである。継続性と変革性を上手に両立させる「不易流行」の経営を実践することで、経営は永続することができるのだろう。

若い世代が先達の経験と知恵を活かしながら、独自のアイデアを付加し新しい事業分野を切り開き、自ら「勝ち組」に名乗りを上げるとともに、ＬＰガス産業の発展につなげることを大いに期待したい。

文豪吉川英治の名言に「会う人、出会うもの、すべて我が師なり」、松下幸之助の言葉に「学ぶ心さえあれば、万物すべてこれわが師である」がある。要は学ぶという意欲さえあれば、森羅万象すべての素材、対象はどこにでもある。

(3) 改革の精神に学ぶ

猪瀬直樹氏の二宮尊徳論がユニークで面白い。薪を背負った勤勉な少年というイメージが強いが、それは違う。その薪が燃やされずに金に換わり、それが大きく「富」となるプロセスが大事である。それを元手にして、ディベロッパーとして、人々を貧しさから救い出し、豊かさへの道筋をつけた。二宮尊徳が生きた江戸後期は人口も停滞し、次第に経済も疲弊していく環境下にあったが、経済改革の実行でこうした頽勢を挽回していく過程には、学ぶべき点が多い。これからの日本が迎える人口減少社会が、いかにチャンスに満ちた世界であることを提唱したもので、一読の価値はありそうだ。

筆者には二宮尊徳は薪を背負いながら読書する銅像のイメージが強いが、同じ時代を生きた勝海舟は、「時勢が人をつくる」事例として高く評価している。

江戸無血開城を導いた勝海舟は、「氷川清話」の「世間は生きている、理屈は死んでいる」の一節で、こう語っている。

「世の中のことは、時々刻々変遷きわまりないもので、機来たり機去り、その間実に髪(はつ)を容れない。こういう世界に処して、万事、小理屈をもって、これに応じようとしても、それはとても及ばない」、「いくら才気があっても、胆力がなかった日には何ができるものか。天下のことは、口頭や筆端ではなかなか運ばない。なにしろ今の世の中は、胆力のある人が一番必要だ」。

これは勝海舟の天下実務論であるが、時に応じて速やかな改革・革新が不可欠な企業経営でも同じことが言えるのであろう。

エネルギー自由化時代を迎えて、競争条件が大きく変わる中でLPガス事業者も、消費者目線に沿った事業の見直し、衣替えを絶えずしていく必要があるのではなかろうか。

＜参考文献＞
「帰宅の時代」林望（新潮文庫）
「二宮金次郎はなぜ薪を背負っているのか?」猪瀬直樹（文春文庫）
「氷川清話」勝海舟（角川文庫）

(4) 料金透明化と取引適正化

LPガスの料金制度の透明化は、消費者との信頼関係を深める意味でも大事である。エネルギー自由化が進展する中で、消費者の選択肢は大きく広がるが、料金体系が不透明であれば比較することできず、信用を失うことになりかねない。料金の透明化はスポーツの世界で言えば、フェアプレーの精神に相当し、公正な競争の前提条件である。

業界に先駆け料金公開に踏み切った先駆的な会社は、神奈川県でＬＰガス事業を展開している㈱カナエルである。同社の関口剛社長と対談（プロパンブタンニュース紙）した際に、料金透明化の狙いについて伺った。

「お客様に「オープンな姿勢」を貫く「正直なサービス事業」が当社の理念です。お客様に料金情報をお伝えすることで、会社を選べる状況をつくりたい」、「お客様には一軒一軒当社の経営理念を説明しながら訪問していますが、約８割のお客様からは好評をいただきました」と。料金透明化に踏み切ったことで最初の頃は他業者からの切り替えに悩まされたこともあったとのことだが、今では消費者からの信頼関係も一段と強まり、「目に見えた部分ではガス器具の売り上げが前年比３０％増え、切り替え業者の絡む解約も減少しております」と、胸を張る。

料金透明化に加えて付加価値サービスをしているのか尋ねると、「特に高齢者世帯からは、電球の交換からハチの巣の駆除まで、身の回りの相談を引き受けることもあります。私たちでできないことを依頼された場合も、一度は訪問してから他店を紹介しています」。消費者からの要望にきめ細かくこたえることで、信頼を受ける事業者になり、商売の拡大につなげているモデル的な事例ではないだろうか。

資源エネルギー庁によるＬＰガス料金の公表状況調査では、約８割の事業者がホームページ若しくは店頭での料金公表に踏み切っている。料金の透明化、オープン化が消費者との信頼関係の礎になることを考慮すれば、ネガティブに対応するようも、むしろ前向きに捉えて経営努力を重ねていくことが大事である。今後は料金透明化の中味、発表方法を工夫していく中で、取引の適正化にも努め、消費者の納得感、満足感が高まることを期待したい。

マイコンメーター等の安全器具の普及促進が消費者の信頼関係の強化につながったことを思い起こすと、料金透明化、取引の適正化についても同じではないかとの思いは強まるのだが、どうだろうか。

取引適正化に関しては、特に賃貸住宅の無償配管や過剰な消費機器の設置などのサービスといった悪しき慣習の是正、明確化が不可欠である。

(5) 成長するアジア地域への事業展開

「エネルギー基本計画」ではＬＰガス需要が急激に伸長しているアジア地域への展開について、「成長著しいアジア地域の需要に対応するため、我が国のＬＰガス事業者や、ＬＰガス機器製造業の国際展開を推進するために専門家派遣や招聘研修等の国際協力を実施する」と言及している。

こうした時代の要請を受けて、埼玉に本社のある㈱サイサンは、ベトナム、インドネシア、モンゴル、バングラデシュなど東南アジア諸国でＬＰガス小売り事業を積極的に展開している。「アジア・太平洋地域において総合エネルギー・生活関連事業でリーディング企業になる」という壮大なビジョン実現に向けて、挑戦している姿勢には心強いものがある。

また、㈱トーカイはＩ・Ｔ・Ｏ㈱と組みミヤンマーで、伊藤忠エネクス㈱はフィリピンで、それぞれＬＰガス事業を行っている。飲料水分野では、トーエルがシンガポール、タイなどで事業展開を始めている。

インドネシアでは、政府主導による灯油からＬＰガスへの転換政策の結果、リンナイ㈱の現地工場で生産され、品質に優れた二口ガスコンロに対する需要が大幅に伸長し、一般世帯の文化生活の向上に寄与している。

(6) 担い手の特性と新たな展開への期待

①きめ細かいサービス活動の展開

環境が激変する時代環境にあっては、今までのビジネスモデル、過去の成功体験・経験は通用しなくなってくる。時代環境に即応した新しいビジネスモデルを構築する必要がある。いわば、企業のサイズ・能力に見合ったイノベーション（事業革新）が不可欠になってきている。

少子高齢化社会が進展する中で、高齢者世帯は増加する傾向は止まらないが、悩みごとなど様々な課題も指摘されている。ＬＰガス販売業者は地域に密着した活動をしているので、高齢者世帯が抱える様々なニーズ、例えば買い物代行サービス、電気・ガスの修理やリフォームなどの相談・仲介サービスなどを行うことも重要である。こうしたサービス活動を進化させて、高齢者向けサービスのコンビニ化を目指すこともできるのではないだろうか。

ＬＰガス市場は成熟化してきているが、顧客の安全・安心を最優先にした経営面でのサービス活動をきめ細かく行い、顧客との信頼関係が築かれれば、「顧客が顧客を呼ぶ」形での新たなマーケット、需要分野の創出ができる。「ガスを売るより顧客との関係を大事に」という精神を大事にした経営こそが、ＬＰガス事業の永続的発展につながるのではなかろうか。

ＬＰガス業界の下流部門は、中小企業性が高く、オーナー経営者が多いことから、経営者による意思決定、経営判断が迅速に行われやすいという特徴を有している。こうした小回り性、機動性を活かしていけば、いかなる環境変化にも適応できるのではないかと思う。

日経ビジネス誌によると、「ファミリービジネス白書２０１５年版」ではファミリー企業は収益面でも非ファミリー企業より強いという調査結果である。自己資本比率や総資産利益率が非ファミリー企業を上回っている傾向は、２０１８年版でも同様であり、また顧客満足や従業員満足なども高いという結果を示している。「親や祖父から受け継いだ創業者精神をもとに時代に合った経営を行うオーナー社長がファミリービジネスを成功へと導く」との解説である。同族であるがゆえに決断が早く、成長できる分野を素早く取捨選択できるというメリットをこれからも活かして欲しいものである。

②コスト削減による料金低廉化

分散型エネルギーであるＬＰガスは、客先に定期的に容器を配送する必要がある。このため、導管網が整備された都市ガスに比べ、人件費や物流費負担が重く、コストアップ要因になっている。

しかしながら、自由化が進展しエネルギー間の競争が激化している今日、コスト削減は喫緊の課題である。今後はＬＰガス充填、配送ネットワークの共同利用、ＡＩやＩｏＴなどを活用した配送、シリンダーからバルクへの切り替え、検針業務の効率化などの合理化策を積極的に進め、都市ガス料金並みにしていくことが大事である。

上述したきめ細かいサービス活動の展開に加えて、コスト削減による料金の低廉化を押し進めていくことで、ＬＰガス産業の新しい発展の道筋が見えてくるのではなかろうか。

名経営者と言われた本田宗一郎氏は、企業経営のあり方、信用について、こう語っている。「ひとつは人間愛だと思う。人を愛し、人に愛されることだ。ひとつは約束を守ること、もう一つは人に儲けさせること。つまり自分の人生と仕事を通じて多くの人に恩恵を与えること。これに尽きると思う」。

〈参考文献〉

「本田宗一郎という生き方」別冊宝島編集部編（宝島社）

（7）先手必勝で「ゆでガエル」リスク回避

内需型のLPガス産業は、輸出型産業と異なり大きなショック、衝撃を受けにくい業種であるが、逆にゆっくりと危機が進行して、気がつくと手遅れになる「ゆでガエル」現象を招く可能性がある。絶えず「ゆでガエルになっていないか」、「過去の成功体験に安住していないか」を自らに問いかけ対応する先手必勝の精神が大事である。

エネルギー自由化時代は、群雄割拠の時代の到来を促したが、一方でコスト削減等のため、施設の共同利用、受委託の進展など合従連衡の動きも加速させてきている。消費者が必要とする多様なサービス提供面でも、自社だけでは不可能でも他社と連携し対応することも可能な時代になってきている。

その意味では、一社で「孤塁を守る」時代から、縦と横そして斜めにもネットワーク化して、山積する課題を解決し発展する連携の時代に入ってきたのだと思う。

一方、後継者難や人材不足等から退場を余儀なくされる事業者も増加してきている。合併や買収が進展しやすい環境にあるが、保安レベルの低下には留意する必要がある。M&

Aの対象先の保安レベルが低い場合、事故やコンプライアンス上の問題が生じかねないからである。「保安なくして　経営なし」の精神に沿って、安全・保安レベルの維持・向上に努めていく必要がこれまで以上にあるのではなかろうか。

（8）夢への挑戦を忘れない

アサヒビール㈱名誉顧問の中条高徳氏は雑誌「致知」で、民族滅亡の三原則を示している。「一に夢や理想を失った民族、二に価値をカネやモノで捉え､心の価値を見失った民族、三に自国の歴史を忘れた民族である」。

この点は、民族を企業に置き換えても同じことがいえよう。企業が持続的成長を目指すには、夢や理想を失わないこと、心の価値を見失わないこと、自社の歴史を忘れないことが大事であると思う。

2018年ロシアでのワールドカップでは、サッカー大国のドイツをはじめ、アルゼンティン、スペイン、ブラジルがベスト4を前に次々に敗れた。その代わり、若いフランスが組織的な守りと超高速のカウンターで20年ぶりの栄冠に輝いた。人口約400万人のクロアチアの準優勝は、他の諸国に「やればできる」という夢とメッセージを与えた。日本経済新聞の見出しは、「「小」が「大」をのむ32日間」だった。サッカー後発国の日本も、小回り力や組織力を進化させていけば、次のカタール大会では大きな飛躍がみられるのではないだろうか。

プロ野球のセ・リーグでも、歴史と伝統のある大軍団の巨人や阪神がなかなか常勝軌道に乗れず難儀している反面、地方の中小軍団と思われていた広島カープがトップクラスを維持している。

このようにスポーツの世界でも激動の時代を迎え、知恵と創意工夫をこらせば小組織であっても大組織に勝てる環境になってきている。このことは、企業経営でも同じである。吉野源三郎の「君たちはどう生きるか」が漫画化され、大ヒットしている。同書冒頭部では、主人公コペル君が「銀座のデパートメントストアの屋上にたって」下界を見下ろす場面が描かれている。即ち、「自分で自分を決定する力」を持つためには、先ず高所に立ち全体情勢を見極めることが大事であることを示唆している。

オリックスのシニア・チェアマンである宮内義彦氏は、「私のリーダー論」で時代を切り拓く10か条を提示している。この中で特に重要なのが、オーナーシップ（自分が全ての責任を持って目標の達成を目指すこと）と大局観（世の中の大きな動きを見誤らないこと）の二点であるとしている。オーナー経営者が多いLPガス事業者としては、本来のオーナーシップを発揮し、全体情勢を見極める大局観を持つことにより、時代の流れに沿った的確な対応ができるのではないかと期待している。

「企業経営はゴールの見えない駅伝のようなもの」である。今後も安心・安全の確保という襷（たすき）をしっかり引継ぎことで、消費者の信頼・信用を勝ち取り、ＬＰガス産業の未来を切り拓き、成長産業であることを立証して欲しいものである。

エネルギー自由化時代を迎え、電力、都市ガス、石油といった業界との垣根がなくなり、エネルギー間の競争が激化しつつある。ＬＰガス業界はオーナー経営が多く中小企業性の高い業種ではあるが、持ち前の機動力、敏捷性をフルに活かして、安心・安全最優先の経営を基本に消費者の信頼、信用を得て、引き続き新時代の主役の一角を担うことを念願している。

ＬＰガス事業者の中には、地方の商工会議所や商工会のトップを務めたり、オーケストラの指揮者として活躍する方もおられるなど、多士済々の人材が揃っている。こうした優れた資質を持つ経営者が持ち前のリーダーシップを発揮していけば、新しい発展への活路、道筋が切り拓かれるのではなかろうか。

最後に、大谷翔平二刀流への期待と「保安経営」を究めたＬＰガス産業の発展への期待を込めて、二刀流の剣豪ぶりを描いた吉川英治の小説「宮本武蔵」の結語で締めくくりたい。「波騒（なみざい）は世の常である。波にまかせて、泳ぎ上手に、雑魚（ざこ）は歌い雑魚（ざこ）は躍（おど）る。けれど、誰か知ろう。百尺下の水の心を。水の深さを」

〈参考文献〉

・「君たちはどう生きるか」吉野源三郎（岩波文庫）
・「私のリーダー論」宮内義彦（日経ＢＰ社）
・「宮本武蔵」吉川英治（講談社文庫）

・ＬＰガス専門紙の「プロパン・ブタンニュース」、「プロパン産業」の新聞記事については、必要部分につき適宜引用させていただいた。

あとがき

本書では、プロ野球について監督、コーチ、選手のみならず、解説者、関係者からの意見やコメントを取り入れ、多面的、多角的視点から分析することを試みている。

こうした作業の中で感じられたことは、個人技のみならず、チームプレー、組織的プレーが重視されるプロ野球は、極めてドラマ性に富んでおり、日本の風土、日本人の気質に合致しているということである。

さらに敷衍して言えば、本書の記述の中から「保安なくして　経営なし」の精神で持続的な企業経営＝「二刀流経営」を目指す経営者、管理者にも教訓となりうるものが、数多く見い出されることを期待している。

本書では野球界だけではなく、各界の名士の言葉も添えている。この中から読者の琴線に触れる言葉、心に響く言葉に出会えれば本望である。

本書では、プロ野球に焦点を合わせながら、様々な人間模様を描いてきたが、誰の言葉かは失念したが、次の言葉には深い味わいがあると思った。

「BASEBALL IS NOT YOUR LIFE. BASEBALL WILL ADD SOME GOOD TO YOUR LIFE」（野球はあなたの人生のすべてではない。ただ野球はあなたの人生の糧になるだろう）

プロ野球では才能を開花し一流選手として活躍する者もいるが、入団した多くの選手は途中で退場を余儀なくされる。これらの選手へのメッセージかなと思った次第である。

作家の太宰治にゆかりのある玉川上水沿いに緑のカーテンを縫って毎朝散策しているが、四季折々に季節感が感じられ、気持ちが良い。筆者も古希を過ぎ、老化現象に悩む年頃になったが、何事も「継続は力なり」の心意気で取り組み、老化と共存しうるスマートエイジングを成し遂げていきたいと念じている。

余暇の活用として行っているゴルフは老化に伴い回数は減少したが、下手は下手なりに楽しめるのが面白い。メンバーとなっている高坂CCや武蔵CCに赴いた際に、たまさかロングパットが決まったり、アプローチショットでカップインしたりすると、快哉を叫びたくなる。

作家の塩野七生さんが、文芸春秋誌上で小泉進次郎論に関連し、「フレッシュで格好いい」から「すごみがあって格好いい」への脱皮を助言されていた。スポーツ界のみならず経済界でも時代環境の変化、組織の発展形態に応じて、絶えず衣替えしていく必要があるのだろう。プロ野球界で二刀流という新境地に挑む大谷翔平選手と同様に、小泉進次郎氏には政界におけるヌーベルバーグ（新しい波）役を果たしてもらいたいものである。

２０１８年平成最後の年は振り返ると、大阪府北部地震、西日本豪雨、大型台風、北海道地震など自然災害が多発した年であった。その中には「想定外とする人災」も多くみられた。日本は地政学的にみて天然災害が避けられない環境下にはあるが、想定外と諦めることなく被害を最小化する減災に向けて、日ごろからの備え、準備が大事であると思う。防災リテラシー（防災意識・能力）を高める必要がある点は、最悪のケースを想定しながら事故や不祥事の予防・処理に当たる企業活動でも同じである。

少子高齢化のマイナス面が叫ばれる中、大きな夢に向かって挑戦する第二、第三の大谷翔平がスポーツ界のみならず他の分野でも登場し、日本経済及び地域社会の活性化、パワーアップにつながることを大いに期待したい。

特別編の「ＬＰガス産業へのメッセージ」では、エネルギー自由化時代を乗り切る方策を提言してみた。オーナー経営者の多いＬＰガス事業者が本来の企業家精神をバネに大きく飛躍し、分散型エネルギーであるＬＰガス産業が未来型の成長産業であることを実証してもらいたいものである。

夏目漱石の「三四郎」の結語は、ストレイ・シープ（迷える羊）である。人生いろいろ迷うことも多いが、これからの社会人にはたとえ寄り道、回り道であっても、新しいこと、自分流の夢にチャレンジし、新たな喜びを発見して欲しい。本書には、そんな思いが込められている。

筆者が世話人をしている未来塾（２００６年１１月創設）は、ＬＰガス業界の若手経営者の勉強会・交流サロンであるが、各界で活躍されている有識者をお招きしての講話及び意見交換では、脳の若返りに役立てさせてもらっている。

また自宅のある武蔵野市では、高齢者向けの生涯学習講座（武蔵野プレイス）やトレーニング施設が充実しており、老化防止の一助となっている。


本書の編集に当たっては、経済産業省商務流通保安グループガス安全室及び資源エネルギー庁流通課には関係個所につきチェック・校正をしていただいた。また、高圧ガス保安協会をはじめ茨城県高圧ガス保安協会などの関係機関、石油産業新聞社及び石油化学新聞社から多くの関連資料を提供していただいた。ここに記して厚く御礼を申し上げたい。

なお、本書で引用させていただいた参考文献については、第一章から第五章までに関連する文献は第五章の後に一括して掲載し、特別編に係る文献は事項ごとに掲載させていただいた。

本文の中で意見や解釈にわたる部分は、すべて個人的な見解であることをお断りしておきたい。

最後に、本書の出版に当たっては、㈱時評社の林原俊治氏及び㈱報光社の渡辺豊氏に大変お世話になった。心より感謝申し上げたい。

著者紹介

1945年3月　東京生まれ

1968年3月　東京大学経済学部卒業

同年4月通商産業省（現経済産業省）入省、その後在ビルマ（現ミヤンマー）日本大使館一等書記官、広島通商産業局総務部長、立地公害局保安課長、中小企業庁組織課長、総務課長、小規模企業部長、通商産業研究所次長等を歴任

1995年6月通商産業省退官、その後（財）データベース振興センター専務理事、岩谷産業㈱専務取締役、鹿島液化ガス共同備蓄㈱代表取締役社長、新コスモス電機㈱社外取締役を歴任し、現在は未来塾代表世話人

著書としては、「経営と保安」、「保安なくして　経営なし」、「自主保安こそ企業繁栄の源」等がある

夢への挑戦と保安経営の真髄

―プロ野球に学ぶ企業経営の活路―

平成31年2月1日　初版第1刷発行　本体1300円＋税

著　者　山田　豊

発行者　米盛康正

発行所　株式会社時評社

郵便番号　100-0013

東京都千代田区霞が関3-4-1商工会館・弁理士会館ビル6階

電　　話　(03)3580-6633

印刷所　株式会社 報　光　社

万一、落丁・乱丁がありました場合は、お取替えします。
